Bedrängende Gegenwart: Eine Begegnung im Treppenhaus

»Wie geht's?«, frage ich Paul beiläufig am Briefkasten. »Nicht gut«, sagt er. Ich bleibe stehen. »Die Arbeit?« »Ja«, sagt er. »Es wird ja alles immer schlimmer, die Pausen kürzer, die Kollegen unzuverlässiger und immer billiger.«

Paul ist Busfahrer, wir begegnen uns oft abends wie jetzt, wenn er zur Nachtschicht geht und ich nach Hause komme. Ich mag Paul. Er ist ein ruhiger Typ. Auch seiner Freundin Marilena begegne ich oft abends, wenn sie Arztpraxen putzen geht, eigentlich hat sie eine Ausbildung zur Mechanikerin für Brillenoptik in Bukarest gemacht.

Nach zwei Minuten Gespräch mit Paul am Briefkasten kommt, womit ich nicht gerechnet habe: »Und wenn du dann morgens um drei an der Haltestelle die Flüchtlinge in ihren Schlabberhosen siehst – ich bin wirklich kein Rassist, aber die kriegen eine Wohnung und Jobs und alles. Und wir?«

Paul guckt mich an.

Was jetzt antworten? Wo anfangen? Wie reagieren, ehe er weitergeht und das so im Raum stehenbleibt? Ich stelle meine Einkaufstüte ab, als würde ich zu einer Antwort ausholen. »Also...«

Die bedrängende Gegenwart ist auch bei mir im Treppenhaus angekommen. Andere erleben sie auf Familienfeiern oder in Facebook-Chats, wo fast alle plötzlich ihren *slightly racist uncle* oder Ähnliches haben. Welche Antworten bringen uns raus aus dieser bedrängenden Gegenwart, in der Migration und Islam zunehmend als Gefahren dargestellt werden? In der die

Regierungen Rechte auf Asyl, Abtreibung, Seenotrettung in Frage stellen und immer autoritärer werden, indem sie Polizeiaufgaben und Überwachung in fast allen deutschen Bundesländern ausweiten, Gewaltenteilung aufheben wie in Ungarn, Kontrolle durch kritische Medien behindern wie in Österreich. Bedrängend ist die Gegenwart schließlich vor allem durch Menschenjagden und Brandanschläge auf Menschen. *Hate crimes* gegen Marginalisierte gibt es zwar schon lange – seit dem Mauerfall starben mindestens 169 Menschen an rechtsextremer Gewalt, und an misogynem Hass stirbt jede dritte Nacht eine Frau in Deutschland –, in den letzten drei Jahren nimmt die Gewalt aber zu.[1] Antworten auf die bedrängende Gegenwart sind schon lange nötig. Spätestens aber jetzt, im Angesicht von Menschenjagden, Bürgerwehren und Demokratiekrise. Paul, der mir gegenübersteht, ist friedvoll, er äußert seine Ressentiments nur verbal, trotzdem brauche ich jetzt und hier eine Antwort auf ebendiese. *Und* auf seine Sorgen. Denn seine Andeutungen zu Wohnungsnot und Lohndruck machen klar: Antworten brauchen wir auch auf die bedrängende kapitalistische Gesamtlage, die Paul nicht mal am schlimmsten trifft. Eine kapitalistische Gesamtlage, in der die ärmere Hälfte der Menschen in der Bundesrepublik über 2,4 Prozent des Vermögens verfügt.[2] In der vor allem Marginalisierte, Frauen und Migranten, ein System am Laufen halten, das sie krank macht. In der Menschen an und unter der Armutsgrenze zehn Jahre früher sterben als Reiche. In der das Leben für Menschen im Globalen Süden so bedrängend ist, dass sie ihrer Welt entfliehen. Paul bedrängt die Gegenwart und ist bedrängt von ihr. Was da antworten?

Meine Einkaufstüte ist zusammengesackt. »Äh, naja, ich finde ja, nicht Flüchtlinge sind unser Problem, sondern Steuerflüchtlinge«, sage ich knapp. Mehr fällt mir nicht ein. Paul nickt. Puh. »Und an teuren Wohnungen und schlechten Löhnen sind ja auch eher Immobilienunternehmen, Arbeitgeber und Regierungen schuld«, sage ich. Paul nickt nochmal. Echt? Reicht das schon? Einfach ein bisschen über Verteilung sprechen?

Julia Fritzsche, geboren 1983, ist Journalistin, sie schreibt für den Bayerischen Rundfunk, arte, *analyse und kritik* u. a. Sie lebt in München. Für ihr Hörfunk-Feature *»Stell dich nicht so an!« Indizien für eine Rape Culture* (zusammen mit Laura Freisberg) bekam sie den Juliane Bartel Medienpreis 2013. Ihr Feature *»Prolls, Assis und Schmarotzer!« Warum unsere Gesellschaft die Armen verachtet* (zusammen mit Sebastian Dörfler) wurde 2016 mit dem 2. Preis des Otto-Brenner-Preises sowie mit dem Deutschen Sozialpreis ausgezeichnet. Das Feature *Das Pogrom von Hoyerswerda: Eine Reise in die Gegenwart* (ebenfalls mit Sebastian Dörfler) erhielt den Pechmannpreis 2018.

JULIA FRITZSCHE
TIEFROT UND RADIKAL BUNT

FÜR EINE NEUE LINKE ERZÄHLUNG

EDITION NAUTILUS

Edition Nautilus GmbH
Schützenstraße 49 a · D-22761 Hamburg
www.edition-nautilus.de
Alle Rechte vorbehalten · © Edition Nautilus 2018
Originalveröffentlichung · Erstausgabe März 2019
Umschlaggestaltung: Maja Bechert, Hamburg
www.majabechert.de
Porträt der Autorin Seite 2: Julia Schärdel
Druck und Bindung:
CPI – Clausen & Bosse, Leck
2. Auflage Juli 2020
ISBN 978-3-96054-192-9

Inhalt

Bedrängende Gegenwart:
Eine Begegnung im Treppenhaus — 7

Erfolgreiche Erzählungen:
Reality Check, Feedback und Frames — 19

Wer sorgt für wen? Eine Spurensuche am Bett — 27
Streik auf der Station 27
Die Idee der *Care Revolution* 36

Was wächst wie lange? Eine Spurensuche im Wald — 59
Widerständische Dörfer 59
Die Idee des *Buen Vivir* 80

Wer zieht wohin? Eine Spurensuche am Bahnhof — 101
Willkommensbewegung auf Attacke 101
Die Idee der *Solidarischen Städte* 115

Wer gehört wohin?
Eine Spurensuche am Kleiderschrank — 141
Bärtige in Nylonstrümpfen 141
Die Idee der *Queerness* 146

Wer erzählt was? Spuren zusammenführen — 161

Anmerkungen — 179

Danksagung — 189

Ich war mal bei Paul in der Wohnung, da stand Sarrazin im Regal. Paul fand nicht alles richtig, was da drinstand, vor allem nicht, dass »südlichere Menschen« einen niedrigeren IQ hätten.

Ich nehme meine Einkaufstüte, drehe mich zum Gehen. »Was wirst du wählen?«, frage ich noch. »AfD«, sagt Paul. Verdammte Axt. »Weil so kann es nicht weitergehen«, sagt er. »Was hast du denn früher gewählt?«, frage ich. »Rot, immer, aber die Roten kannst du ja heute vergessen, die vertreten uns doch nicht mehr.« Was mit Rot-Rot-Grün sei, will ich wissen. Die Linkspartei kenne er nicht gut, meint Paul, nur den Gysi. Aber die SPD wolle er nie wieder an der Regierung haben. In keiner Koalition.

Paul ist jetzt an der Haustür. »Du bist eher so Antikapitalist, oder?«, fragt er, öffnet die Tür. Ich reagiere nicht gleich, denn mein Gehirn braucht immer eine halbe Sekunde länger, wenn ich in der männlichen Form angesprochen werde. Ehe ich antworte, sagt Paul: »Das ist im Prinzip ja richtig. Aber da kannst du viel reden. Das ist doch total unrealistisch.«

Paul erwartet gerade keine Ideen von Linken, er hat eine Antwort rechts gefunden. Damit ist er nicht allein. Das hat zuletzt eindrücklich der Pariser Soziologe Didier Eribon in seinem Buch *Rückkehr nach Reims* beschrieben: Große Teile der Linken haben die arbeitenden Menschen vergessen. Eribon meint mit »Linken« vor allem die Mehrheit der linken Intellektuellen wie sich selbst und das linke parlamentarische Lager, die französische sozialistische Partei. Wie Sozialdemokratien in anderen Ländern habe sich diese kaum mehr um die Lebensbedingungen der arbeitenden Klasse geschert. Lebensbedingungen wie die von Eribons Mutter, einer Arbeiterin, mit einem »geschundenen, schmerzenden Körper, der fünfzehn Jahre lang unter härtesten Bedingungen gearbeitet hat – am Fließband stehen, Deckel auf Einmachgläser schrauben, sich morgens und nachmittags höchstens zehn Minuten von jemandem vertreten lassen, um auf die Toilette gehen zu können«.[3] Solch geschundene Körper haben auch viele der »Gelbwesten«, die im

Winter 2018/2019 begannen, gegen die Politik des französischen Präsidenten Emmanuel Macron zu protestieren. »Ich blickte in ausgemergelte Gesichter, sah gebeugte, gebrochene Menschen, schaute auf erschöpfte Hände«, schreibt der Pariser Schriftsteller Édouard Louis.[4]

Paul und Eribons Mutter, die beide früher leidenschaftlich links gewählt haben, wählen heute leidenschaftslos rechts, weil sich ihre früheren Vertreter*innen der neoliberalen Weltsicht von Eigenverantwortung und Wettbewerb, von Sozialstaatsabbau, Privatisierung und Steuerbefreiung für Wohlhabende und Unternehmen angeschlossen haben. Und nicht nur sie wählen heute rechts, Menschen aus vielen ökonomischen Milieus tun das. Denn die Erzählung, in einem globalen System aus Wettbewerb könne es jeder zu einem guten Leben bringen, die Geschichte der *Fahrstuhlgesellschaft* (Ulrich Beck), derzufolge Klassenunterschiede an Bedeutung verlieren, verfängt nicht mehr. Für Frauen, »Gastarbeiter« und Menschen im Globalen Süden traf sie ohnehin nie zu, und ab dem Wirtschaftseinbruch Mitte der 70er Jahre auch nicht mehr für weiße Männer der arbeitenden Klasse. Es gab und gibt kein Durchsickern des Wohlstands, kein Entkommen aus der Klasse: Arbeiterkinder, die es zu Reichtum und Ruhm schaffen, sind statistische Ausnahmen. Bildungssysteme hängen arme und migrantische Kinder ab, Sozialstaatsabbau und Schließungen von Bibliotheken treffen eben diese armen Kinder, Macht und Vermögen verfestigen sich bei wenigen. Die große Erzählung vom *Aufstieg durch Leistung*, die Idee der Meritokratie, der heute beide großen politischen Lager anhängen, wird immer unglaubwürdiger.

Dabei geben sich ihre neoliberalen Vertreter*innen viel Mühe, diese Erzählung am Leben zu erhalten. Vor allem bei ökonomischen Umbauten und in Krisen hilft ihnen dabei das Bild des *faulen Arbeitslosen*, wie unter anderem der Sozialwissenschaftler und Journalist Sebastian Friedrich erforscht.[5] Danach sind nicht ökonomische Zyklen, konkrete politische Maßnahmen oder das Wirtschaftssystem schuld an Armut und Erwerbslosigkeit, sondern die Armen und Erwerbslosen selbst, weil sie

»dumm, faul und unmoralisch« seien, wie auch der britische Autor Owen Jones in *Prolls. Die Dämonisierung der Arbeiterklasse* (2013) beschreibt. Dieser Mechanismus zeigte sich auch beim neoliberalen Umbau in der Bundesrepublik: Die Regierung Kohl hatte ihre Politik der Deregulierung, Lohnkürzung und Lockerung des Kündigungsschutzes mit Bildern vom »Freizeitpark« Deutschland (Helmut Kohl 1993) und einer »sozialen Hängematte« (Wolfgang Schäuble 1994) illustriert. Kanzler Gerhard Schröder bereitete dann 2001 seine Agenda-Politik mit dem *BILD*-Interview »Es gibt kein Recht auf Faulheit« vor, das Wirtschaftsministerium unter Wolfgang Clement nannte im Jahr der Agenda-Einführung 2005 Erwerbslose in einem Atemzug mit »Parasiten«. Als in den Folgejahren Armut und Armutsgefährdung anstiegen,[6] prägte ab 2006 die »Unterschichten«-Debatte das Bild von Armen als »einem Milieu, wo vielfach Verwahrlosung herrscht« (Historiker Paul Nolte) und als »white trash« (*GEO Wissen*). In der Wirtschafts- und Finanzkrise dann sprach Außenminister Guido Westerwelle 2010 von »spätrömischer Dekadenz«, und Medien reichten den stets rauchenden, trinkenden und Unterhemd tragenden erwerbslosen Arno Dübel herum (*Maischberger, Kerner, BILD*). 2018 zeichnete RTL in der Sendung *Zahltag* ein subtileres, aber noch gefährlicheres Bild von Erwerbslosen, indem Geldverprasser fleißigen Sparern gegenübergestellt wurden.[7]

Die neoliberale Erzählung vom *Aufstieg für alle* schreibt also denen, denen kein Wohlstand zuteil wird, ein außerordentliches Verhalten zu: Sie sind die *Anderen,* die *Faulen.* Auch die neoliberale Erzählung verfügt also über ein *Othering.* Damit ist sie der extrem rechten Erzählung mit ihrem *Othering* vor allem der *Fremden* nicht unähnlich. Die beiden haben vielmehr etwas Zentrales gemein. Wie in der rechten Erzählung mit ihren austauschbaren Denkfiguren der *Anderen – die Juden, die Migranten, die Türken, die Flüchtlinge*[8] – ist auch in der neoliberalen Erzählung das Bild der *Faulen* flexibel anwendbar und übertragbar. Auf alle, denen der *Aufstieg durch Leistung* nicht gelingt: Die wirtschaftliche Not von Menschen in Griechenland liegt dann nicht etwa am Wettbewerbsnachteil gegenüber deutschen Niedriglöhnen, sondern am angeblichen Gemüt des rauchenden, tanzenden, sonnenverbrannten Griechen, wie ein *SPIEGEL*-Cover es 2015 suggeriert. Dass Frauen in der Bundesrepublik 21 Prozent weniger verdienen als Männer liegt dann nicht an Lohnintransparenz und fehlenden sozialstaatlichen Einrichtungen für Haus- und Familienarbeit, sondern am »geringen Verhandlungsgeschick« und an »mangelnder Durchsetzungsfähigkeit« einzelner Frauen. Und die Not von Menschen im Globalen Süden liegt so nicht an Landraub und Freihandelsabkommen, durch die westliche Industrien den afrikanischen Kontinent mit Tomatenmark und Hühnchenfleisch fluten, sondern an »unfähigen Regierungen und der generellen Rückständigkeit der Menschen dort«.

Theoretisch sind in der neoliberalen Erzählung alle gleich, und sie hat sich auch symbolisch und diskursiv stark für einige Ausgeschlossene eingesetzt: so in der Bundesrepublik mit einer Angleichung der Rechte von Frauen und Männern, Rechten für Homosexuelle, der doppelten Staatsbürgerschaft. Sie hat aber »in der Sache der Emanzipation auf halber Strecke haltgemacht«, wie der Publizist Raul Zelik schreibt und mit einem Witz veranschaulicht, den es nach dem Mauerfall gab: »Im Sozialismus sagten die Frauen: Ich bin Traktorist. Nach dem Anschluss an die BRD sagen sie: Ich war Traktoristin.« Das heißt nicht, dass eine symbolische und sprachliche Anerkennung der Ausgegrenzten nicht wichtig ist, ihre Anerkennung ist aber, so Zelik, »ohne materielle Grundlagen nicht allzu viel wert«.[9]

Wenn wir fragen, was heute fehlt, ist also festzuhalten: Die neoliberale Erzählung ist unglaubwürdig, weil Aufstieg durch Leistung den meisten nicht gelingt. Mit ihrem *Othering* ebnet sie der extrem rechten Erzählung auch den Weg: Die Behauptung, Geflüchtete würden den Sozialstaat ausnutzen, ist vor allem deshalb für viele spontan glaubhaft, weil die neoliberale Erzählung behauptet, Erwerbslose würden das auch tun, und Menschen seien generell nur auf den eigenen Nutzen bedacht, worauf vor allem der Soziologe Andreas Kemper immer wieder hinweist.[10] Die neoliberale Erzählung ebnet der extrem rechten aber vor allem mit ihrem ökonomistischen Denken der Verwertbarkeit von Menschen den Weg, also mit der Idee, Menschen könnten unnütz oder nützlich sein, wie die Studie *Deutsche Zustände* 2011 feststellte. Danach sind ökonomistisch denkende Menschen im Verhältnis zu nichtökonomistisch denkenden Menschen häufiger feindlich gegenüber schwachen Gruppen, die sie verdächtigen, »keine verwertbare Leistung zu erbringen«. Sie sind unter anderem häufiger fremdenfeindlich (61 bzw. 21 Prozent), sexistisch (24 bzw. 7) und behindertenfeindlich (14 bzw. 5).[11] Wenn rechte Ideen in ökonomischen Krisen verfangen, liegt das also nicht nur an Abstiegsängsten, wie viele behaupten, sondern vor allem daran, dass auch die neoliberale Erzählung von Konkurrenz und Verwertbarkeit der Menschen in Krisen immer wieder neu belebt wird.

Für die Suche nach Antworten aus der bedrängenden Gegenwart ist es also hilfreich zu verstehen: Die neoliberale Erzählung unterscheidet sich zwar erheblich von der extrem rechten Erzählung – sie gewährt mehr Rechte für Marginalisierte, will mehr globalen Warenverkehr und mehr Zuzug von wirtschaftlich verwertbaren Menschen –, teilt aber mit ihr die Idee der *Anderen* und der Konkurrenz. In dieser Hinsicht handelt es sich letztlich um die gleiche Erzählung in zwei Varianten.

Die Ähnlichkeit zeigt sich auch im Detail: Mit »Wir schaffen das« suggerierte Merkel zwar Solidarität und eine Abgrenzung nach rechts. Gleichzeitig macht sie aber außerhalb Europas eine rechte Migrationspolitik, die den Tod von flüchtenden Menschen fördert: Im Mittelmeer erschwert die EU Seenotrettung, in Mali und Niger führt ihre Politik dazu, dass binnenafrikanische Migration kriminalisiert wird und flüchtende Menschen auf wasserlose Routen durch die Wüste gezwungen werden, wo eine unbekannte Anzahl von ihnen stirbt.[12] In der Praxis ist Merkels Migrationspolitik nicht glaubhaft unterscheidbar von der der extremen Rechten. Gleichzeitig offenbart die Inkaufnahme von Toten noch offensichtlicher, was die Einschränkung der Freizügigkeit durch Visapolitiken schon lange zeigt: Die liberale Erzählung von der *freien Welt* mit ihren *grenzenlosen Möglichkeiten* trifft nicht zu. Zwar postulieren westliche Industrienationen kaum mehr Grenzen *innerhalb* des europäischen Kontinents, gleichzeitig beleben sie die Vorstellung von Grenzen außerhalb des Kontinents und damit das Konstrukt Grenze an sich. So können Rechte auch die Idee von Grenzen innerhalb des Kontinents wieder stärken, wie die AfD, die im Sommer der Migration 2015 »ganz bewusst das Narrativ gesetzt hat, dass Merkel die Grenzen geöffnet hätte – das ist ja nie passiert«, wie Ex-AfDlerin Franziska Schreiber 2018 beschreibt.[13]

Auch andere jetzt wiederbelebte rechte Geschichten vom *Untergang des Abendlandes* oder vom *Volkstod* sind – so abstrus sie erscheinen – in Erzählungen und Sprachbildern aus dem Mainstream angelegt. Wenn Medien und Politik für Regionen wie den europäischen Kontinent, auf dem statt 700 Millionen auch die Hälfte oder doppelt so viele Menschen Fahrrad fahren, gärtnern, Häuser bauen, Steuerbeiträge leisten und Bier trinken könnten, das Bild eines »Bootes« verwenden, schaffen sie damit die Vorstellung eines Gefäßes mit endlichem Raum, das sich üblicherweise in Gewässern befindet und untergehen kann. Wenn Medien und Politik fliehende Menschen »Fluten« oder »Ströme« nennen, machen sie sie sprachlich zu nicht steuerbaren Naturgewalten. Auch die rechte Idee eines einheitlichen deutschen Volkes ist fest in unseren etablierten Erzählungen verankert. Dabei ist die Nation als Raum oder Kulturraum nicht an sich erfahrbar, und Menschen mit deutschem Pass haben außer diesem erstmal nichts gemeinsam – die einen empfinden beim Anblick der Alpen Geborgenheit im Sinne von Heimat, die anderen an der Meeresküste. Auch für Menschen mit anderen Pässen wiederum ist die Amtssprache Deutsch. Und trotzdem lehren uns Bildungspläne das Nationalhymnen-Singen, lehren uns Sportgroßevents das Fahnenschwenken und Bundespräsidentenreden die *Deutsche Einheit*. Durch dieses geistige *nation building* entsteht die Vorstellung der natürlichen Einheit eines *Deutschen Volkes*, dessen Untergang, Abschaffung, Ausrottung Rechte bang kommen sehen, wenn dunkelhaarige Menschen von Salzburg nach München laufen.

Menschen wie Paul mit Fakten zu antworten ist schwierig. Dabei ist Widersprechen wichtiger Widerstand und ein deutliches Zeichen, sich anders zu verhalten als viele Rechte, die mit den »Gegnern« nicht reden wollen. Aber trotzdem bleibt das Argumentieren oft folgenlos. Denn die Vorstellung der *Anderen* und der Konkurrenz zu diesen sitzt tief. Hinzu kommt, dass Fakten an Wert einbüßen. Denn wenn zum Beispiel keine große Partei ernsthaft mehr Armut abschaffen will, eine Partei allerdings immerhin etwas weniger Armut möchte, streiten die Parteien über Armutsdefinitionen und darüber, ob der Armutsbericht stark oder leicht verfälscht ist. Sie ziehen dann unterschiedliche Studien, Zahlen und Auslegungen für eine nur in Nuancen unterschiedliche, letztlich aber gleiche Politik heran. Genau damit aber verlieren diese Studien, Zahlen und Fakten an Wert und ihre Vertreter*innen an Glaubwürdigkeit.

Im Schock über den Vorwurf von Fake News, im Entsetzen über Menschenjagden und »Zivilisationsbrüche«, in der erhitzten Diskussion über den Umgang mit Rechten (Mit ihnen reden oder nicht? Sie »faschistisch« nennen oder nicht? Sie im Bundestag schmähen oder nicht? Sie verstehen wollen oder nicht?) zeigt sich eine Leerstelle. Es scheint leichter, die Folgen der Idee von Ausgrenzung und Konkurrenz ein bisschen einzudämmen, als die Idee grundsätzlich in Frage zu stellen. Es scheint leichter, weiter in diesem Denken zu verharren, als eine eigene packende Geschichte zu entwerfen. Die bedrängende Gegenwart aus Menschenjagden und neuem Autoritarismus in der Politik zeigt aber: Genau das ist jetzt nötig.

Wir brauchen einen eigenen Entwurf, eine eigene Erzählung, eine eigene Idee von einem Leben, in dem möglichst viele Menschen gut zusammenleben und mehr als bislang aufeinander achtgeben. Eine eigene Geschichte, die Werte und Lebensweisen in Aussicht stellt, an denen möglichst viele Anteil haben wollen, die wir alle mitgestalten wollen. Einen Entwurf von einem Leben, der bessere Bedingungen für möglichst viele von uns darstellt. Einen Entwurf, der die Idee von Konkurrenz und Ausgrenzung in Frage stellt und ihr eine eigene Idee vom Zusammenleben entgegenstellt. Eine solche eigene Erzählung fehlt. Eine neue linke Erzählung.

Eine solche neue linke Erzählung bräuchte, verglichen mit den gegenwärtigen Erzählungen, vor allem zwei Elemente. Sie müsste einerseits die Idee der *Anderen, der Migranten, der Schwarzen, der Frauen* und weiterer *Anderer*, überwinden und zu vielfältigen selbstgewählten kollektiven Identitäten anregen. Das wäre der – in der liberalen Idee angelegte – bunte Teil der Erzählung. Allerdings in einer *radikal bunten* Variante mit fließenden Übergängen, worin unendlich viele diverse Identitäten Ausdruck finden. Und mit einem hohen Grün-Anteil, weil eine neue Erzählung die Natur nicht als ein weiteres *Anderes*, sondern als unsere Lebensgrundlage begreifen müsste. Eine neue Erzählung müsste zudem eine Idee für eine andere ökonomische Ordnung entwickeln, das wäre der rote Teil der Erzählung. Allerdings ein *tiefroter*, da es hier um mehr als höhere Mindestlöhne und die Förderung von Suppenküchen geht, nämlich darum, wie wir unsere Lebens- und Produktionsweise an unseren Bedürfnissen ausrichten, statt an unserer Verwertbarkeit.

Eine neue Erzählung muss also *tiefrot* und *radikal bunt* sein, muss ökonomische Fragen und Fragen von *diversity* zusammen betrachten. Sie darf sie nicht gegeneinander ausspielen, wie viele das tun, wenn sie fragen, ob wir zu liberal sind, ob Unisex-Toiletten Schuld an Trump und Frauenquoten schuld an der AfD sind. Eine neue Erzählung muss vielmehr den Zusammenhang von Ausbeutung und Ausgrenzung aufzeigen, Klassenfrage und Minderheitenschutz verbinden. Denn »Migration, Geschlecht und Antirassismus sind Fragen der Arbeiterklasse«, wie die Professorin für African American Studies Keeanga-Yamahtta Taylor erklärt.[14] »Diese Kombination liefert die einzig prinzipientreue und aussichtsreiche Antwort auf die politische Herausforderung, vor der wir stehen«, ergänzt die Politikwissenschaftlerin Nancy Fraser.[15]

Nur eine Kombination von *tiefrot* und *radikal bunt* würde unser Weltbild in ein konstruktives »Durcheinander« bringen, wie es auch die Germanistin und Theologin Ina Praetorius fordert. Sie analysiert, wie Bibelverfasser, Philosophen und VWL-Lehrbücher über Jahrhunderte die Welt erzählerisch in zwei Sphären geteilt haben. In der einen Sphäre Herrschaft, Männer, Politik, Geld, Markt, Vernunft, Öffentlichkeit. In der anderen Sphäre Frauen, Kolonisierte, Beherrschte, Soziales, Haushalt, Abhängigkeit, Liebe, Privates, Natur. In diesem dichotomen Weltbild werden bestimmte Arbeiten und die Menschen, die sie verrichten, als »systemextern gedacht, sentimentalisiert, naturalisiert und trivialisiert«, so Praetorius. Dieses Weltbild gelte es, durch »geduldige friedliche Arbeit an einem anderen Paradigma« zu durchbrechen. Denn die »Ausgeschlossenen stellen *kein* Sinnreservoir zur Verfügung, in das man nach Feierabend oder im Urlaub fliehen kann«.[16]

Wie eine solche Erzählung in *tiefrot* und *radikal bunt* aussehen könnte, dem möchte ich hier nachspüren. Ich möchte bereits bestehende praktische und theoretische Entwürfe zeigen, nach denen verschiedene Menschen und Bewegungen unser Leben anders gestalten wollen. Ich möchte fragen, welche Bedürfnisse von Menschen und Natur sich darin zeigen. Ob sich zwischen alten und neuen linken Ideen, zwischen feministischen, ökologischen, sozialen und migrationspolitischen Ideen Brücken schlagen lassen. Ich möchte herausfinden, was die Ideen gemeinsam haben. Und wie sich die schon jetzt existierenden Geschichten von Begehren und Aufbegehren bündeln lassen. Zu einer neuen linken Erzählung.

Erfolgreiche Erzählungen: Reality Check, Feedback und Frames

Erzählen ist die universale Form, in der wir unsere Erfahrungen weitergeben. Wir erzählen am Lagerfeuer, am Kinderbett, am Stammtisch, am Handy, in Büros, Talkshows, Zeitungen, Theaterstücken, Filmen, Romanen, Reden, Predigten, Lehrbüchern, Parlamenten. Wir tauschen so Erfahrungen aus, dichten hinzu, lassen weg, verdichten zu Mustern. Darüber, wo wir herkommen, warum wir da sind, warum wir so sind, wie wir sind, was wir begehren, was wir witzig finden, was nicht, wie wir gut zusammenleben. Sinnstiftende Ideen über unser Zusammenleben übermitteln wir traditionell nicht säuberlich geordnet, sondern über Göttergeschichten, Heldengeschichten oder Schöpfungsgeschichten, schreibt der Literaturwissenschaftler und Erzähltheoretiker Eberhard Lämmert.[17] Selbst die Konzeption des Menschseins an sich fußt »auf gemeinsamen Mythen und Geschichten unterschiedlicher Zeiten und Orte, Geschichten, die sowohl den Freunden als auch den Fremden erklären, was es bedeutet, ein Mensch und nicht etwas anderes zu sein«, wie die Philosophin Martha Nussbaum beschreibt.[18] Aus diesen vielen kleinen Geschichten kann eine erfolgreiche Erzählung werden. Die Idee des American Dream, die biblische Geschichte vom Auszug aus Ägypten, die Geschichte der Befreiung von Sklaverei und Unterdrückung, die Geschichte vom Wiederaufbau nach dem Krieg, die Geschichte des friedfertigen Europa sind solche erfolgreichen Erzählungen. Der Kulturwissenschaftler und Erzähltheoretiker Albrecht Koschorke spricht in diesem Zusammenhang von »Erzählungen, die ein politisches Kollektiv zu stiften versuchen«[19]. In seinem Buch *Hegel und wir* (2015) beschreibt er, wie eine solche Erzählung entsteht und wann sie erfolgreich ist: Sie muss vor allem am Alltag der Menschen anknüpfen, sie »abholen«, also den Eindruck erwecken, sie beziehe sich auf gemeinsame Erfahrungen. Dabei spielt es keine Rolle, ob diese Erfahrungen tatsächlich gemacht wurden, es reicht, wenn sie »spontan evident« erscheinen. Besonders erfolgreich wird eine solche sinnstiftend gemeinte Idee, wenn sie oft wiederholt wird, die Leute müssen sie immer wieder hören, eine »Feedback-Schleife« nennt Koschorke das. Vor allem wenn die Idee tatsächlich mit den Erfahrungen der Menschen übereinstimmt, kann sie verfangen. Viele Menschen erzählen sie sich dann weiter, eine »zirkuläre Dynamik der Selbstverstärkung« entsteht, und damit eine erfolgreiche Erzählung. Stimmt die Idee eher nicht mit dem Erleben der Menschen überein, ist das Wiederholen umso wichtiger. Besonders gut schlagen Erzählungen außerdem ein, wenn sie von Menschen aus möglichst verschiedenen Milieus oder von Autoritäten erzählt werden.

Die Sprach- und Kognitionswissenschaftlerin Elisabeth Wehling beschreibt in ihrem Buch *Politisches Framing. Wie sich eine Nation ihr Denken einredet – und daraus Politik macht* (2016), dass politische Ideen vor allem dann erfolgreich sind, wenn sie geeignete Bilder, Rahmungen, sogenannte »Frames«, hervorrufen, die die politischen Wertvorstellungen der Erzählenden widerspiegeln. Wer von bestimmten Besteuerungen gern weniger hätte, sollte in diesem Zusammenhang, wie viele es tun, von »Steuerlast« sprechen und den Frame von Last, Belastung, Schwere hervorrufen, die einem Individuum auferlegt sind.[20] Wer die in Frage stehenden Besteuerungen richtig findet oder auch mehr davon will, sollte eher von »Steuerbeiträgen« sprechen und den Frame »zu etwas beitragen« hervorrufen, der den Gemeinschaftssinn stärkt, da wir nur in Gemeinschaften überhaupt »zu etwas beitragen« können (zum Buffet, zur Diskussion, zur Stimmung). Insbesondere weist Wehling darauf hin, dass politische Konzepte dann schlecht verfangen, wenn sie nur gegen etwas sind, anstatt eigene Frames hervorzurufen, »die eigene Weltsicht zu propagieren«. Denn laut Wehling vermag unser Gehirn es nicht, »nicht« oder »anti« zu denken. Wer also ein politisches Konzept der globalen Freizügigkeit will, es aber »no border« nennt, bestätigt – auch wenn von Gegenteiligem überzeugt – die Idee der Grenze. Wer ein politisches Konzept des wirtschaftlichen Maßhaltens, der Genügsamkeit und Bedürfnisbefriedigung befürwortet, sprachlich aber nur »gegen Wachstum« oder für »Post-Wachstum« ist, stärkt – ob er oder sie will oder nicht – den Frame »Wachstum«. Natürlich können auch Konzepte, die gegen etwas sind, Erfolg haben. Die Bewegung PEGIDA beispielsweise spricht sich gegen eine »Islamisierung« aus und brachte damit 2014 und 2015 Zehntausende Menschen auf die Straße. Mittlerweile versammeln sich Rechte aber vor allem unter Namen, die für etwas sind, in der »Alternative für Deutschland«, auf »Demos für alle« (statt gegen das Recht auf Ehe für Homosexuelle), als »Lebensschützer« (statt als »Abtreibungsgegner*innen«).

Das Besondere am Konzept der »Erzählung« im Gegensatz zum – im Zusammenhang mit sinnstiftenden Ideen für eine Gemeinschaft auch gebräuchlichen – Konzept der »Ideologie« ist, dass sich an einer Erzählung, am Erzählen, viele beteiligen können. Unter einer Ideologie hingegen verstehen wir heute meistens ein Ideensystem (eines Staates oder Unternehmens), die Ideologie wird meist zentral konzipiert, oft von Mächtigen (Erdoğan oder Zuckerberg). Auch Ideologien werden natürlich von vielen Menschen mitgetragen, auch Erzählungen stark von Machthabenden und Autoritäten geprägt, die Übergänge sind also fließend, in der Tendenz aber ist die Ideologie eher ein System und starr, die Erzählung eher wabernd und wandelbar.

Das Konzept der Erzählung erkennt also an, dass wir die Welt unterschiedlich wahrnehmen, einzelne Ereignisse oder Erlebnisse aufgrund unseres Erfahrungshorizonts verschieden erleben, und diesen Erlebnissen dann gemeinsam, indem wir auf bestimmte Weisen darüber sprechen, eine Form geben, sie festhalten, rahmen. Natürlich gibt es auch hier Hierarchien, insbesondere Medien, Prominente und Politik haben eine hohe faktische Reichweite und prägen, sofern sie als glaubwürdig gelten, den Diskurs stärker als andere Personen. Um aber glaubwürdig zu sein, müssen auch diese Autoritäten am alltäglichen Erfahren der Menschen ansetzen und ihre Thesen immer wieder mit denen rückkoppeln. Am Erzählen sind wir also alle beteiligt, wenn auch in unterschiedlichem Maße. Wir alle können, indem wir erzählen – und das tun die meisten unter uns ohnehin die ganze Zeit –, Ereignissen und Erlebnissen einen neuen Rahmen geben und unserem Zusammenleben einen bestimmten Sinn verleihen.

Aber wurde nicht längst das Ende der Ideologien und großen Erzählungen ausgerufen? 1992 meinte der US-amerikanische Politikwissenschaftler Francis Fukuyama, es gebe nach der Auflösung der Sowjetunion keine Auseinandersetzung der Systeme mehr, der Sozialismus habe verloren, die freie Marktwirtschaft in Form der liberalen Demokratie gesiegt, wir seien am »Ende der Geschichte«. Für die westlichen Industrienationen und ihre Kinder hörte sich das schlüssig an, der Kapitalismus war so normal, dass gar kein großes Aufhebens um ihn gemacht wurde, ja, er war so sehr Normalzustand, dass viele gar kein Wort für ihn hatten. Stimmt aber die Erzählung vom Ende der Geschichte? Diese Frage wurde nicht gestellt. Denn ja, die westlichen kapitalistischen Demokratien hatten gesiegt, in diesem historischen Moment. Sie waren auch für viele Menschen besser als Diktaturen, besser als Stalin, kannten keine Gulags, keinen Staatsterror, und tatsächlich hatte sich die Sowjetunion aufgelöst. Hat damit die laut Fukuyama einzig verbleibende Gesellschaftsform, die liberale kapitalistische Demokratie, für immer gesiegt? Wer weiß? Wir werden wohl noch weitere politische Epochen auf diesem Planeten erleben, wenn wir ihn und uns besser behandeln als jetzt.

Der Konservative Fukuyama war nicht der Einzige, der entpolitisierende Thesen verbreitete. Schon ein gutes Jahrzehnt vor ihm hatte der Pariser Philosoph Jean-François Lyotard ein Ende der großen Erzählungen postuliert. Die Welt des 20. Jahrhunderts sei komplex, so auch das Wissen über sie, vor allem durch die Wissenschaften, die seit dem 19. Jahrhundert entstanden waren, schrieb er in *Das postmoderne Wissen* (1979). Wissenschaftliche Analysen aber waren für Lyotard ein Gebiet des Machtspiels: »Man kauft keine Gelehrten, Techniker und Apparate, um die Wahrheit zu erfahren, sondern um die Macht zu erweitern.« Die Menschen hätten deshalb zu Recht eine »Skepsis gegenüber den Metaerzählungen«.[21] Es gäbe nur noch viele nebeneinanderbestehende kleine Geschichten, so Lyotard.

Können diese aber nicht trotzdem zu einer großen Erzählung beitragen? Gibt es wirklich keine großen Erzählungen mehr? Nehmen wir die kapitalistische Grunderzählung, in einer politischen und ökonomischen Ordnung des globalen Wettbewerbs könne es jeder zu einem guten Leben bringen. Diese Geschichte der *Fahrstuhlgesellschaft* ist nicht mehr glaubhaft, es besteht große Skepsis ihr gegenüber, insbesondere seit der erneuten Wirtschafts- und Finanzkrise. Tot aber ist sie nicht. Sie läuft auf vielen bedeutenden Kanälen, nicht nur in FDP-Interviews, auch in Medien, Sport, Werbung, Kultur: Wer sich genug bildet, kann in der Quizshow Millionär werden, wer genug Steve-Jobs-Biografien liest, schafft es *out of the garage*, wer mutig genug ist, dem verleiht *Red Bull* beim Extremsportevent Flügel, wer dem Bildungsministerium glaubt, schafft trotz PISA-Studien Aufstieg durch Bildung, wer genug an seinem Körper arbeitet, dem verleiht Heidi Klum Topmodel-Ruhm, und wer die richtigen Coaches befragt, kann sich für den Durchbruch zu Erfolg oder mindestens zu persönlichem Glück selbstoptimieren. Wie die kapitalistische Erzählung *Alle fahren im Fahrstuhl mit nach oben* heute in der neoliberalen Variante *Alle fahren im Fahrstuhl mit nach oben, wenn sie nicht faul sind* am Leben bleibt, beschreiben in den letzten Jahren viele: Markus Metz und Georg Seeßlen in *Kapitalismus als Spektakel* (2012), Patrick Schreiner in *Unterwerfung als Freiheit – Leben im Neoliberalismus* (2015), Sebastian Friedrich in *Lexikon der Leistungsgesellschaft – Wie der Neoliberalismus unseren Alltag prägt*

(2016). Die kapitalistische Großerzählung vermag es immer wieder, sich flexibel anzupassen und attraktiv zu machen, Ausgegrenzte wie Frauen, Schwarze oder Homosexuelle teilweise zu integrieren und neue *Andere* zu etablieren. Wenn nötig, nimmt sie die Begehren sozialer Bewegungen auf und macht sie sich nutzbar. Der Neoliberalismus »verkehrt die Autonomie der Arbeit in ihre Flexibilisierung, die Befreiung der Sexualität in ihre Konsumierbarkeit, die Selbstbestimmung in Selbstoptimierung«, schreibt die Berliner Künstlerin und Autorin Bini Adamczak in ihrem Buch *Beziehungsweise Revolution. 1917, 1968 und kommende* (2017).[22] Die kapitalistische Großerzählung ist trotz Skepsis ihr gegenüber existent. Sie mag herumgeistern wie ein Zombie, aber sie ist da. Stört es sie, dass die Welt komplex ist? Nein. Gerade die Komplexität wird gerne herangezogen, um andere Alternativen als »vereinfacht« und »naiv« abzutun. Mindestens diese eine große Erzählung existiert also in den westlichen Industrienationen weiter in Form von vielen kleinen Narrationen.

Kein Grund also, sich einreden zu lassen, Menschen könnten nicht beginnen, sich neue Geschichten zu erzählen, ihre Erfahrungen neu zu betrachten, neu zu bewerten, neu zu ordnen, neu zu rahmen, sie gemeinsam zu einer neuen Erzählung zu verdichten und so neue Ideen für ein gutes Zusammenleben zu entwickeln.

Nach einer solchen Erzählung rufen in den letzten Jahren viele: Die Publizistin Carolin Emcke forderte in ihrer Friedenspreisrede 2016 »eine andere Erzählung (...), eine, die offener ist, leiser auch, eine, in der jede und jeder relevant ist«. Der britische Journalist Paul Mason forderte in *Die Große Regression* 2017, der »Erzählung, mit der die extreme Rechte ihren Kampf führt, eine eigene entgegenzusetzen«. Auch einige Vertreter*innen linker Parteien verlangen eine »neue linke Erzählung«. Die Jusos wollten 2017 einen »neuen linken Gesellschaftsentwurf, der den Menschen eine Alternative zur bestehenden Ordnung bietet«. Im Umfeld der Linkspartei fordern schon länger, vor allem seit der Wirtschaftskrise, Parteimitglieder wie Katja Kipping, Dietmar Bartsch oder Klaus Lederer sowie der rot-rotgrüne Think Tank Institut Solidarische Moderne »eine neue linke Erzählung«. Und soziale Bewegungen stellen in den letzten Jahren die alte Erzählung »Jeder kann es in der freien globalisierten Welt schaffen« in Frage und verlangen nach neuen Entwürfen. Aktivist*innen des »Arabischen Frühlings« in Tunesien, Ägypten, Libyen, Syrien, Marokko und Jordanien, »Indignados« in Spanien, die Platzbesetzer*innen von »Occupy« in den USA, Israel oder Deutschland und die »Aufrechten der Nacht« oder die »Gelbwesten« in Frankreich zeigten, dass sie anders leben wollen. Teilweise versuchten sie es praktisch, bauten Zelte, Gemeinschaftsküchen, frei zugängliche Bibliotheken, diskutierten und entschieden in Vollversammlungen. Sie scheiterten, aus verschiedenen Gründen. Weil potenziell Interessierte sie doch irgendwie zu akademisch fanden, oder Zelte zwar nett und niedlich, den Kapitalismus aber irgendwie besser. Weil die Beteiligten selbst die Plätze aufgaben, um wieder regelmäßig Geld zu verdienen, oder weil sie Orte besetzt hatten, wo sie niemanden störten. Und schließlich auch, weil Polizei und Militär sie dort, wo sie störten, von den Plätzen schubsten, sie verletzten, verhafteten.

Einen konkreten Entwurf einer anderen Welt, eine Erzählung, hatten die Empörten und Aufrechten nicht, sie brachten aber das Begehren danach zum Vorschein. Sie machten es wieder möglich, an Alternativen zu glauben, und setzten um, was linke Theoretiker*innen wie Mark Fisher verlangten: Die Linke müsse anfangen, »eine Zukunft zu planen und zu organisieren, an die sie selbst glaubt«.[23] Einer solchen Zukunft möchte ich nachspüren. An Orten, wo bereits jetzt das Aufbegehren der Ausgeschlossenen für eine andere Ordnung sorgt, für eine neue Unordnung.

Wer sorgt für wen?
Eine Spurensuche am Bett

> Who run the world? Girls
> Beyoncé

Streik auf der Station

18. September 2017, 7 Uhr morgens, Berlin-Wedding

»Ich hab ein mulmiges Gefühl«, sagt Daniela Dittner. Sie betritt das »Streiklokal«: Bierbänke und eine Pinnwand in einem zentralen Gebäude des Virchow-Klinikums, Teil der Berliner Charité, Europas größter Uniklinik. Drei Dutzend Pflegekräfte sitzen heute Morgen da.

»Ich versteh nicht, warum nicht mehr kommen«, sagt Dittner zu ihrem Kollegen Stephan Gummert. »Die sind bestimmt alle auf Station gegangen.«

Dabei war der Streik seit einer Woche angekündigt. Ab heute müssten richtig viele Pflegekräfte auf den Stationen fehlen, damit die Klinikleitung den Druck spürt und Stationen schließen muss. Vor wenigen Tagen hat der Auftritt des Pflege-Azubis Alexander Jorde in der *ARD-Wahlarena* den Pflegenotstand in letzter Sekunde zum Thema der Bundestagswahl gemacht – sie findet in sechs Tagen statt.

»Es müssten viel mehr da sein«, sagt Daniela Dittner.

Auch ihre Station 7, wegen der hohen Streikbereitschaft *Die Wilde 7* genannt, soll Ende der Woche geschlossen sein. Ein »X« für »geschlossen« soll dann hinter »Station 7« auf der Pinnwand hier im Streiklokal stehen.

»Wenn wir jetzt schlappmachen, Leute, haben wir für immer und ewig verschissen«, ruft Stephan Gummert ins Mikro. »Lasst euch nicht einschüchtern! Wenn die Leitung euch auf dem Handy anruft, geht nicht ran! Die wissen, wir machen nur Not-OPs.«

Während des Streiks stellen die Pflegekräfte hier nur Notdienstpersonal, das heißt wie nachts oder am Wochenende. Und sie machen nur »Not-OPs« – was als Not-OP gilt, verhandeln Klinikleitung und Abgesandte der Streikenden für jeden Fall. Vor allem Tumor-OPs und Kinder-OPs sagen die Pflegekräfte meist zu.

»Und nur damit ihr nicht denkt, wir sind eingeknickt: Ja, wir machen diese Woche auch eine Geschlechtsumwandlungs-OP«, erklärt Stephan Gummert. »Das klingt nicht dringend, da spritzt nirgendwo das Blut raus. Es ist aber nötig, weil die Person sonst eine langwierige Hormonbehandlung erneut beginnen müsste. Also: Wir regeln das, ihr tragt nicht die Verantwortung, wenn ihr die Station verlasst.«

Einige nicken.

»Leute! Wir könnten heute Morgen viel mehr sein. Und um 11 Uhr kommt der RBB mit Kamerateam. Bis dahin muss hier was los sein!« Vereinzeltes Nicken. Viele Bierbänke sind frei.

»Deswegen: Ab 9 Uhr 30 treffen wir uns hier an der Pinnwand und gehen dann in kleinen Teams auf die Stationen. Wir wollen die Kolleginnen und Kollegen überzeugen, sich unserem Streik anzuschließen! Ja?«

Alle Anwesenden klatschen ein wenig.

Auch Daniela Dittner. Sie guckt nüchtern. »Vielleicht macht die Klinikleitung Druck auf die Kollegen. Wir müssen jetzt auf die Stationen gehen und gucken, warum die Leute nicht kommen. Am besten, wir nehmen gleich nochmal drei Dutzend Leute mit runter.«

So etwas, einen echten Streik in einem Krankenhaus, hat es bis vor wenigen Jahren in der Bundesrepublik nicht gegeben. Pflegekräfte demonstrierten früher mal am Nachmittag, ab den 90er

Jahren legten einzelne mal die Arbeit nieder, während andere sie vertraten, und ab den Nullerjahren wurden auch Operationssäle bestreikt. Dass aber so gestreikt wird, dass Hunderte von Betten und ganze Stationen geschlossen werden müssen, ist neu und liegt an einer besonderen Streiktaktik, die die Pflegekräfte an der Charité entwickelten und auch dieses Mal anwenden wollen. Denn Streiken in einem Krankenhaus ist schwer, hier liegen schließlich nicht Waren auf dem Band, sondern Menschen im Bett, kranke, schwache, lebensgefährlich verletzte. Um hier zu streiken, braucht es Entschlossenheit – mehr als bei anderen Streiks, und dieses alte Machtmittel der Arbeitenden begeistert ohnehin nicht mehr viele, in der Bundesrepublik schon gar nicht.

Doch die Pflegekräfte der Charité sind bundesweit Vorreiter: Sie haben mit einem Streik 2015 als erste und bisher einzige Klinik einen Tarifvertrag mit einem Personalschlüssel erstritten: grob gerechnet eine Pflegekraft auf sieben bis zehn Kranke auf Normalstationen. Weil die Klinikleitung sich aber nicht an die Zahlen auf dem Papier hält, wollen sie jetzt einen neuen Tarifvertrag mit Sanktionsmöglichkeiten. Sie haben hoch gepokert: Der alte Tarifvertrag läuft gerade aus, wenn sie keinen neuen erstreiten, haben sie nicht mal mehr den Personalschlüssel auf Papier. Gesetzliche Personalschlüssel gibt es nur für psychiatrische und Frühchen-Stationen, sonst nicht.

Ich begleite im Herbst 2017 den Streik von Daniela Dittner, Stephan Gummert und den anderen Pflegekräften der Berliner Charité, weil hier ein Konflikt klar wird: Unsere Gesellschaft vernachlässigt unsere elementaren Bedürfnisse – gesund, gepflegt, umsorgt, am Leben zu sein. Dittner, Gummert und ihre Mitstreitenden versuchen, das zu ändern, versuchen, praktisch eine Idee umzusetzen, die selbstverständlich klingt, nach der wir unsere Gesellschaft aber großteils nicht gestalten: unser Leben an Bedürfnissen statt an Profitabilität auszurichten. Sie stellen also die Verwertbarkeitslogik an sich und ihre Arbeitsbedingungen in Frage, was ihr Anliegen *tiefrot* macht. Darüber hinaus erheben sich bei diesen gerade entstehenden Streiks im

Bereich Pflege mehrheitlich Frauen, außerdem viele migrantische Personen, also die bislang *Anderen*. Die Arbeit an einem Krankenbett niederzulegen und damit die gegenwärtigen Bedingungen dieser Arbeit sichtbar zu machen, verbindet also Fragen von Ökonomie *und* Ausgrenzung, eben das, was die bisherigen Erzählungen vernachlässigen.

In wenigen Tagen, auf dem Höhepunkt der Auseinandersetzung, wird der Klinikchef Ulrich Frei sagen: »Am Virchow-Klinikum ist ein Dutzend aktionistischer Links-außen-Aktivisten in der Lage, die ganze Charité lahmzulegen.« Die bisherigen Erfolge liegen vor allem daran, dass an der Charité eine neue Streiktaktik angewendet wird. Zum einen gibt es »Teamdelegierte«: Pro Station ist eine Pflegekraft gewählt, die die alltäglichen Arbeitsbedingungen und die Streikbereitschaft ihrer Station zu den für die Verhandlung Verantwortlichen weiterträgt. Früher vertraten an einem Krankenhaus der Größe der Charité nur rund 20 bis 30 Gewerkschaftsmitglieder die Anliegen der Pflegekräfte, und sie vertraten nur die anderen Gewerkschaftsmitglieder unter den Pflegekräften. Heute tragen 60 bis 100 Menschen die Anliegen weiter und sprechen für alle Pflegekräfte. Entscheidend war in den letzten Jahren auch, dass das Personal angefangen hat, sich in WhatsApp-Gruppen zu organisieren, sie teilen darin Flugblätter und Mobilisierungsfotos, und jede Pflegekraft kann sich dort kurz vor der Schicht nochmal über den Stand des Streiks informieren. Die Pflegekräfte an der Charité entwickelten außerdem einen neuen Streikablauf: Indem sie den Streik mehrere Tage vorher ankündigen, auch, auf welchen Stationen und an wie vielen Betten sie die Arbeit niederlegen, übertragen sie die Verantwortung für die Patient*innen auf die Krankenhausführung. Diese hat die Möglichkeit und die Fürsorgepflicht, die vom Streik betroffenen Stationen bis zum Streikbeginn zu leeren, indem sie, wenn möglich, Patient*innen entlässt oder auf andere Stationen verlegt und indem sie bis zum Streikbeginn keine neuen aufnimmt und keine Operationstermine vereinbart, die nicht wirklich dringend sind. Vor allem diese letzte Methode ist bei den Krankenhausleitungen unbeliebt, denn leere Betten und Operationssäle bringen keinen Gewinn. Beim ersten Streik dieser Art im Jahr 2011, als die Pflegekräfte 1500 von 3300 Betten der Charité »sperrten«, fielen 90 Prozent der Operationen aus, die Charité erlitt empfindliche Verluste.[24] Denn ein Streiktag kostet sie rund 500.000 Euro.[25]

Trotz dieser zurückliegenden Erfolge sitzen heute Morgen nur drei Dutzend Kolleg*innen im Streiklokal. Woran liegt das? Und können Dittner und Gummert weitere Kolleg*innen heute überzeugen, für den Wert ihrer Arbeit einzustehen? Oder gelten sie als gnadenlos, weil sie Kranke und Schwache in den Betten zurücklassen? Können sie einen guten Personalschlüssel erringen und vielleicht sogar in diesem langen Herbst der Regierungsbildung die Parteien dazu drängen, für gesetzliche Personalschlüssel einzutreten? Kann der Streik von Pflegekräften eine grundsätzliche Debatte über den Wert von fürsorgender Arbeit anstoßen? Das ist am Montagmorgen noch nicht klar.

9 Uhr 15. Daniela Dittner tritt kurz ins Freie, ehe der Stationsrundgang losgeht. Ihre schlimmste Schicht, erzählt sie, war vor zwei Wochen. Eine Spätschicht am Wochenende.

»Wir sollten eigentlich drei Kollegen am Bett sein«, sagt sie.

»Am Bett« ist die technisch anmutende Umschreibung von »am Menschen« und meint alle Arbeiten von Pflegekräften und Pflegehilfskräften, nicht die von Ärzt*innen und Stationsleitung.

»Als ich zur Schicht kam, sah ich: Steffen und ich sind zu zweit.«

Auf Dittners Station, wo sie seit 24 Jahren arbeitet, liegen neurologisch kranke Patient*innen. Dittner ist in dieser Nacht zusammen mit ihrem Kollegen Steffen Krampitz für 15 Betten mit »normalneurologisch« Kranken zuständig – demente, gelähmte, fast alle schwer sturzgefährdet – und für weitere sechs Betten mit Intensivüberwachungspatienten, frische Schlaganfälle. Diese Intensivüberwachungspatienten haben mobile Monitore neben dem Bett. Dass diese Monitore mobil und nicht an die Wand montiert sind, macht für die Krankenhausleitung einen Unterschied: So gilt die Station nicht als Schlaganfallabteilung, für welche ein Eins-zu-drei-Personalschlüssel vorgesehen ist (für die Abrechnung mit der Krankenkasse übrigens schon). Dittner und Krampitz haben also nicht noch zwei weitere Kräfte für die sechs frischen Schlaganfallpatienten, sondern sind für alle zuständig, sechs frische Schlaganfallpatienten *und* 15 »normalneurologische« Patienten, insgesamt also 21.

Sie beginnen ihre Schicht.

»Ein paar Betten waren zum Glück leer, aber wir wussten ja nicht, ob das in den nächsten Stunden so bleibt.« Hinzu kommt in dieser Schicht: Sechs Kranke sind wegen Noro-Virus isoliert. »Das heißt: Bei jedem musst du dich im Zimmer neu isolieren, wenn der auf den Topf muss oder so. Jedes Mal neue Handschuhe, Kittel, Mundschutz, Haube aufsetzen. Drinnen kannst du mit den verkeimten Handschuhen nicht mal an dein Telefon, draußen musst du alles wieder abwerfen, dich desinfizieren, und dann erst zum Nächsten.« Drei der Isolierten sind »hochaufwändig«: aggressiv, verwirrt, gelähmt, übergewichtig. Eine Pflegekraft darf sie nicht allein heben und versorgen.

»Wenn du zu zweit an so einem Patienten bist und es klingelt in einem anderen Zimmer, kannst du nicht hin. Du bist isoliert im Zimmer, weißt nicht, was ist. Ist bei dem Schlaganfallpatienten nur der Sensor vom Finger gefallen, oder hat der einen Blutdruck von 220 zu 140?«

Dittner und Krampitz laufen in den kommenden Stunden von Zimmer zu Zimmer. Dittner entdeckt, dass ein Patient aus dem Bett geklettert ist und halb raushängt. Sie kann ihn allein nicht zurückhieven, Krampitz ist woanders. In diesem Moment klingelt es in einem anderen Zimmer, Dittner muss den Patienten so hängen lassen. Erst eine halbe Stunde später hieven sie ihn zurück.

Etwas später will die diensthabende Ärztin mit ihnen sprechen.

»Wir teilten gerade das Essen fertig aus – das dauert gewöhnlich so 45 Minuten, diesmal aber wegen der vielen Isolierten schon zwei Stunden –, da kündigt die Ärztin an, zwei neue Patienten in die freien Betten aufzunehmen.« Dittner und Krampitz sagen, dass das nicht gehe. Denn damit die Neuen Platz hätten, müssten sie die Isolierpatienten verlegen. »Da musst du am Samstagabend einen Desinfektor zu Hause anrufen, der die Zimmer reinigt.« Krampitz droht, sofort zu gehen, sich krankschreiben zu lassen.

Doch die Ärztin sagt: Wir nehmen die Neuen auf.

»Das bringt ja Geld, ein paar Tausend Euro in wenigen Tagen für so einen Schlaganfallpatienten«, kommentiert Dittner mir gegenüber.

Krampitz geht nicht nach Hause, lässt seine Kollegin nicht allein. Sie tragen noch schnell das Essen aus, ehe die Neuen kommen.

»Und dann ist es passiert«, sagt Daniela Dittner.

Ein Patient kriegt ein Spezialessen.

»Kartoffelbrei, weil der nicht richtig schlucken kann. Ich kenn den, der ist öfter da, über 80, schwer dement.«

Erst nach dem Essenverteilen fällt Daniela Dittner etwas auf. »Ich hab ihm den Kartoffelbrei nicht warm gemacht.«

Daniela Dittner guckt mich an.

Ich sage nichts. Kalter Kartoffelbrei. Naja.

»Auch die Soße, alles kalt«, sagt sie und guckt.

Ich sage nichts. Kalter Kartoffelbrei. Vermutlich in beiger Krankenhaus-Plastikschale. Dazu Soße. Kalt. Nicht schön.

»Der Patient war ja isoliert«, fährt Daniela Dittner fort. »Ich hätte wieder zu ihm reingemusst, mich isolieren, das hätte wieder Minuten gedauert. Die beiden Neuaufnahmen sollten aber gleich kommen. In dem Moment haben Steffen und ich uns gesagt: okay, wir entscheiden jetzt, dass wir die Zimmer leerräumen und der Alte den Kartoffelbrei kalt essen muss.«

Dittner und Krampitz machen die Schicht fertig.

»Da bin ich abends nach Hause und hab geweint, ich hab mich geschämt. Das schwächste Glied in der Kette kriegt das ab. Ich habe dem kalten Kartoffelbrei gegeben. Damit hatte ich nie gerechnet, dass ich mal so pflegen würde.«

Daniela Dittner und Steffen Krampitz hoffen, dass der demente Patient nichts gemerkt hat.

»Aber am nächsten Tag«, sagt Dittner, »hat er der Logopädin erzählt, dass er gestern kalten Fraß gekriegt hat.«

Ich hatte Geschichten von Entlassungen noch schwer kranker Patient*innen erwartet, Geschichten von kollabierendem OP-Personal. Gefährdungsanzeigen dokumentieren solche Fälle:[26] frisch Operierte brechen zusammen, müssen wiederbelebt werden, weil niemand bei ihnen ist, wenn sie aufwachen und versuchen, allein aufzustehen; Pflegekräfte sehen während der Schicht nur ein Viertel der Patienten, der Rest ist acht Stunden allein; Patienten werden nur einmal am Tag gefüttert. Doch wenn ich nach den schlimmsten Situationen frage, erzählen mir die meisten in diesen Tagen Geschichten wie Daniela Dittner: Geschichten von Kälte. Der Kälte des Kartoffelbreis, den sie nicht aufwärmen können. Der Kälte, mit der sie ignorieren müssen, dass jemand klingelt. Der Kälte von Robotern, zu denen sie werden, um Menschen mechanisch Brei in den Mund zu stopfen, ohne dass diese Zeit zum Schlucken haben.

Die Kälte der Kostenkalkulation ist in den letzten drei Jahrzehnten in deutsche Krankenhäuser eingezogen. Zum einen hat sich seit den 90er Jahren die Zahl der privat betriebenen Krankenhäuser verdoppelt, und Krankenhauskonzerne wie Asklepios, Helios, Rhön-Kliniken oder Sana entstanden, deren Gewinne sich zwischen 2011 und 2017 verdoppelt haben, weil sie sich auf lukrative, planbare Fälle spezialisieren. Komplizierte, schwierige, weniger lukrative Fälle und viele Notfälle bleiben so an öffentlichen Häusern wie der Charité hängen. Entscheidend für die Situation heute war neben diesen Privatisierungsfolgen aber vor allem das von Rot-Grün 2003 eingeführte Fallpauschalensystem: Geld von der Kasse gibt es danach nicht mehr nach Bedarf, sondern pauschal. Aus diesen Pauschalen müssen die Krankenhäuser ihre Betriebskosten zahlen, über 60

Prozent davon sind Personalkosten. Hinzu kommt aktuell, dass aus den Pauschalen noch etwas übrig bleiben muss, für neue Investitionen. Das ist eigentlich Ländersache, aber die kommen dem nicht nach, drei von sechs Milliarden Euro fehlen. Die Kranken müssen also was abwerfen: Lukrativ behandeln heißt vor allem schnell behandeln, und schnell entlassen. Einige Behandlungsarten sind besonders lukrativ, die Pauschale ist hier sehr gut im Verhältnis zu den tatsächlichen Kosten. Die Zahl von Wirbelsäulen-OPs hat sich deshalb von 2005 bis 2011 verdoppelt, ähnlich Knie- und Hüft-OPs. »Überversorgung« werden nicht gebotene Operationen oft genannt, wobei es sich bei unnötigen Eingriffen, in denen Messer Haut und Knochen durchtrennen, eigentlich um Körperverletzungen handelt.

Der Kostendruck wirkt sich auch auf die Pflege aus, denn die Personalkosten der Pflege sind ein hoher Posten, sie machen rund 25 Prozent des Geldes aus, das mit den Pauschalen eingenommen werden muss. Kosten sollen also vor allem dort reduziert werden. Nur wie? Krankenhausführungen können den Pflegekräften schlecht noch weniger zahlen – Daniela Dittner kriegt für ihre 75-Prozent-Stelle mit Schichtzulagen und Wochenenddiensten 1900 Euro netto. Und Roboter haben zwar nette Kulleraugen, können Schränke ausräumen, Essen liefern und Erklärvideos für OPs abspielen, aber nicht füttern, waschen, Gespräche führen, Ängste nehmen. Es musste also anders gespart werden: über eine Begrenzung der Pflegemaßnahmen an sich. Gleichzeitig müssen Pflegekräfte jede Maßnahme dokumentieren: Körperpflege gemacht, Katheter geleert, Patient vor Sturz bewahrt. Das Dokumentieren dient einerseits der Kontrolle, andererseits der Einstufung für den weiteren Verlauf.

»Oft haben wir keine Zeit, noch auszufüllen, dass der drei Mal erbrochen hat, dass der seit Tagen nicht allein duschen kann«, erklärt Daniela Dittner. »Da sagen viele: selbst schuld. Denn dann kommst du wieder zur Arbeit und siehst, der ist immer noch in einer leichten Pflegestufe.«

Das »Wiederauferstehen der Bürokratie im Neoliberalismus ist kein(e) ... Anomalie«, analysiert Mark Fisher, denn Dokumentieren und Evaluieren sei gerade in einem vermeintlich freien Wirtschaftssystem mit entschlackten Strukturen und flachen Hierarchien geradezu notwendig, um Kontrolle aufrechtzuerhalten.[27] Ein Drittel der Arbeitszeit geht für die Dokumentation drauf, sagen manche Pflegekräfte.[28] Insbesondere für die bloße Ansprache, für Trösten und Ängste-Nehmen sieht das Pauschalsystem keine Zeit vor.

»Am schlimmsten ist das, wenn sie sterben«, sagt eine Kollegin von Daniela Dittner. »Jeder sieht das anders, aber ich glaube, egal in welchem Geisteszustand: Die merken, ob jemand in den letzten Stunden bei ihnen ist, die Hand hält. Wenn ich sehe, dass es bei einem gegen Ende geht, will ich dem Gesellschaft leisten. Aber das geht meistens nicht, weil es dann irgendwo klingelt und ich losrennen muss. Manchmal – wie letzte Woche – stelle ich mich dann in den letzten Minuten wenigstens mit meinen Akten in den Türrahmen. Damit der merkt, da ist noch jemand.«

9 Uhr 30. Daniela Dittner betritt das Streiklokal. Vor der Pinnwand bilden sich Gruppen, um über die Stationen zu gehen und Kolleg∗innen zu mobilisieren. Mit in Dittners Gruppe: ein anderer Kollege und zwei Aktivisten vom *Bündnis für mehr Krankenhauspersonal*, das den Streik seit einigen Jahren unterstützt.

Nach einer kurzen Aufzugfahrt treten Dittner und ihr Team durch die elektrische Tür zur ersten Station ihres Rundgangs.

»Eine Kollegin pro Station gleich mitnehmen wäre super«, sagt Dittner.

Die Idee der *Care Revolution*

Der Streik von Dittner und den andern hier steht nicht nur für die Arbeit der Pflegekräfte an der Berliner Charité, sondern für die Anerkennung der Arbeit von insgesamt 470.000 Pflegekräften an deutschen Krankenhäusern und weiteren 1,1 Millionen Pflegekräften in der stationären und ambulanten Pflege jenseits von Krankenhäusern. Für die Arbeit von 1,6 Millionen Menschen also – pflegende Angehörige und undokumentierte Ukrainerinnen, Rumänen und Polinnen, die zu Hause pflegen, noch nicht mitgerechnet.

Der Streik der Pflegekräfte ist darüber hinaus exemplarisch für eine Debatte über Fürsorge-Arbeit generell, über *Care-Arbeit*: bezahlte Care-Arbeiten wie Erziehen oder Pflegen und unbezahlte Care-Arbeiten wie Kochen, Putzen, Füttern, Waschen, Beruhigen, Trösten.

Emotionale und körperliche Fürsorge nehmen wir nicht nur in Anspruch, wenn wir sehr jung, krank oder alt sind. Auch gesund und erwachsen lassen wir uns von Freundinnen trösten, von Beziehungspartnern umhegen, von Hausärztinnen beraten, von Putzkräften umsorgen, von Yoga-Lehrern anleiten, von Flüchtlingshelferinnen auf der Behörde beraten, von Assistentinnen in den Supermarkt begleiten, von Großmüttern heilmedizinisches Wissen vermitteln. Care-Arbeiten erfüllen unsere elementaren Bedürfnisse: satt, gesund, gepflegt, umsorgt, sicher, am Leben zu sein.

Laut Statistischem Bundesamt machen Haus- und Sorgearbeit 1,7 Mal so viel Zeit wie Erwerbsarbeit aus.[29] Bezahlte Sorgearbeiten wie die von Erzieherinnen und Pflegern hinzugerechnet, ist es 2,2 Mal so viel Zeit wie die Arbeitszeit in den verbleibenden Wirtschaftsbereichen. Damit macht Care-Arbeit zwei Drittel unserer gesellschaftlichen Arbeit aus. Ein ganzer Berg an Wäsche also.

Zwei Drittel dieser Arbeiten machen – oft schlecht oder nicht bezahlt – Frauen. Früher kümmerten sie sich als Mutter und Hausfrau um Kinder und Küche, hielten dem Gatten den Rücken frei und kehrten dafür ihre eigene Unabhängigkeit unter den Teppich. Heute kümmern sie sich um Kind, Küche *und* Konferenzschaltung. Wohlhabende können die Care-Arbeit an rumänische Kindermädchen, polnische Putzfrauen und ukrainische 24-Stunden-Pflegerinnen auslagern, die meist schlecht bezahlt und nicht sozialversichert, oft illegalisiert arbeiten und deren Ausbildungskosten in den Herkunftsländern angefallen sind, wo sie die eigenen pflegebedürftigen Angehörigen zurücklassen. Weniger Wohlhabende müssen, wenn die Mama pflegebedürftig wird und das Kind keinen öffentlichen Kitaplatz kriegt, im Job reduzieren oder ganz aufhören und Hartz IV beantragen. Ihre Erziehungsarbeit fördert der Staat nicht im gleichen Umfang wie die von Vielverdienenden, denn das Erziehungsgeld hängt vom Gehalt ab, kann 1800 oder 0 Euro betragen – Letzteres bei Hartz-IV-Beziehenden, denn der Staat verrechnet das Elterngeld mit der Grundsicherung. Daniela Dittner ist wie knapp 20 Prozent der Elternteile in Deutschland alleinerziehend, bei Spät- und Nachtdiensten springt ihre 70-jährige Mutter ein. Wie Dittner und ihre Mutter tragen vor allem Frauen die Folgen davon, dass unsere gegenwärtige Art des Zusammenlebens keinen Raum für ausreichend gute Sorge füreinander lässt.

Ist diese Dauerkrise, diese Care-Krise, Teil der gegenwärtigen Erzählungen? Wenn ja, was erzählen wir uns von fehlender Fürsorge und Bedürfnisbefriedigung? Und was wollen und müssen wir uns erzählen, wenn wir in Zukunft ausreichend und erfüllend füreinander sorgen wollen?

Dass Care-Arbeit in der Krise ist, erkennen in den letzten zehn Jahren viele: Gewerkschaften, Lehrstühle, Kirchen, Mitte-Links-Parteien, Netzfeminist*innen debattieren über Care-Arbeit. Die *Tagesschau* informiert über den »Gender Care Gap« von 90 Minuten, die Frauen am Tag in Haushalt und Familie mehr arbeiten als Männer. Die Krise im Bereich der Sorge, auch um uns selbst, ist unter den Schlagworten »Burnout« und »Achtsamkeit« Thema in jeder zweiten Psychologie-Zeitschrift. Und selbst Unternehmen geben ihren überarbeiteten Mitarbeitenden Workshops in *work life balance.*

Doch auf die meisten wartet zu Hause im *life* wieder *work.* Die Geschichte der Balance aus Arbeit und Leben stimmt also nicht. Die meisten Debatten über Care-Arbeit sparen etwas aus: Care-Arbeiter*innen leben und arbeiten nicht nur prekär. Sondern indem sie prekär leben und arbeiten, bleibt das System am Laufen. Würden alle Fürsorge-Arbeiter*innen so wie Daniela

Dittner und Stephan Gummert darauf bestehen, dass ihre Tätigkeit wirklich anerkannt wird, reichten nicht ein paar Tausend neue Pflegestellen. Es reichten auch nicht 100.000 neue Stellen, die nötig wären, um an den europäischen Durchschnitt zu kommen. Auch nicht 500.000 neue Stellen, die nötig wären, um an den Schnitt skandinavischer Länder zu kommen. Es geht nicht um ein bisschen mehr Lohn und Anerkennung. Es geht um einen neuen Entwurf für unsere nötige Fürsorge füreinander.

Vor allem Frauen in den Hochphasen sozialistischer Ideen haben erkannt, dass es eines solchen gesamtgesellschaftlichen neuen Entwurfs bedarf, um Frauen aus der Rolle der Liebenden, Schwachen und Fürsorgenden zu holen. Zu Beginn des 20. Jahrhunderts entwickelten Sozialist*innen Konzepte, um die Haus- und Familienarbeit kollektiver zu gestalten und Frauen aus ihrer häuslichen Vereinzelung zu holen, wie öffentliche Waschanstalten, Kindergärten oder das »Einküchenhaus« der SPD-Politikerin Lily Braun, ein Mehrfamilienhaus mit einer zentralen Großküche. Und in der kurzen Phase der Räterepubliken in Deutschland 1918/1919 forderten einige sozialistische und sozialdemokratische Politikerinnen wie Clara Zetkin oder Toni Sender, dass neben Arbeiter-, Bauern- und Soldatenräten auch Hausfrauenräte gebildet werden müssten. Hausfrauen hätten »ihre Vertretung in einem eigenen, selbstständigen Wahlgang zu küren«, so Zetkin.[30] So könnten sie beraten, wie »die Gemeinschaftserziehung vom zartesten Alter an auszugestalten ist« und wie »eine andere Organisation des Einzel-Haushalts vorgenommen werden« könnte, in der »nicht mehr jede einzelne Frau täglich am Kochtopf stehen muss«, so Sender.[31] In Jena gab es im Frühjahr 1919 sogar kurz einen solchen Hausfrauenrat. Doch die Niederschlagung der Räterepubliken und der deutsche Faschismus machten diese wie andere progressive Ideen und Errungenschaften der Zeit wieder zunichte.

Auch in den 70er Jahren prägten Feministinnen wieder eine Debatte über den Wert von Fürsorgearbeit. »Wer behauptet, dass die Befreiung der Frau der Arbeiterklasse darin liegt, eine Arbeit außerhalb des Hauses zu finden, erfasst nur einen Teil des Problems, aber nicht seine Lösung. Die Sklaverei des Fließbandes ist keine Befreiung von der Sklaverei des Spülbeckens«, erklärten die Feministinnen Mariarosa Dalla Costa und Selma James in *Die Macht der Frauen und der Umsturz der Gesellschaft* (1978).[32] Und einen »Aufstand aus der Küche« forderte die italienische Marxistin Silvia Federici. »Sobald wir von den Socken, die wir stopfen, und den Mahlzeiten, die wir zubereiten, aufblicken, um uns die Gesamtheit unseres Arbeitstages anzusehen, erkennen wir, dass dieser Arbeitstag zwar nicht dazu führt, dass wir einen Lohn erhalten, dass wir aber nichtsdestotrotz das kostbarste Produkt erzeugen, das es auf dem kapitalistischen Markt gibt: Arbeitskraft«, schrieb Federici 1974 zusammen mit Nicole Cox.[33] »Hausarbeit ist weitaus mehr als Hausreinigung. Sie besteht in der physischen, emotionalen und sexuellen Wartung der Lohnverdiener: darin, diese Lohnverdiener Tag für Tag auf die Arbeit vorzubereiten. Sie besteht darin, unsere Kinder – zukünftige Arbeiter*innen – zu betreuen, sie von Geburt an und durch ihre Schulzeit hindurch zu unterstützen und dabei sicherzustellen, dass sie sich so verhalten, wie es im Kapitalismus von ihnen erwartet wird. Das bedeutet, dass sich hinter jeder Fabrik, jeder Schule, jedem Büro und jedem Bergwerk die verborgene Arbeit von Millionen Frauen verbirgt.« Federici und viele andere Aktivistinnen der »zweiten Frauenbewegung« wollten den Begriff des Politischen neu definieren. Von nun an sollte es nicht mehr ausreichen, über Lohnarbeit zu reden. Kindererziehung, Hausarbeit, Pflege, Sex sollten genauso wichtig werden. Alles, was bisher unter dem Label »privat« oder »Liebe« wie selbstverständlich in den Aufgabenbereich der Frauen geschoben wurde, sollte auf dem Weg in eine bessere Gesellschaft anders organisiert werden. Und diese bessere Gesellschaft sollte sofort beginnen. In Italien, Deutschland und den USA organisierten Frauen kollektive Kinderbetreuung, riefen zu Hausfrauen- und Geburtenstreiks auf. Sie wollten zeigen: Ohne uns geht gar nichts. »Sie nennen es Liebe. Wir nennen es unbezahlte Arbeit«, schrieb Federici 1975 in dem programmatischen Text der Kampagne »Lohn für Hausarbeit«.

Die klare Trennung der Arbeitswelt in Haushalt und Erwerbsarbeit, in Heim und Arbeitsplatz, Privates und Öffentliches hatte es vor dem Kapitalismus so deutlich nicht gegeben.

Zwar waren Frauen schon seit Jahrtausenden für »das Soziale« zuständig, doch im Feudalismus arbeiteten beide Geschlechter auf dem Hof, und wenn sie dem Adel angehörten, gar nicht. Auch als der Arbeitsplatz mit der Industrialisierung im 18. und 19. Jahrhundert in die städtischen Fabriken verlegt wird, laufen zunächst noch beide Geschlechter in die Fabrikhallen – bis zur Erschöpfung, ohne Ruhephasen, zu niedrigen Löhnen. Ihre Kinder stellen sie mit Opiaten ruhig, viele davon sterben früh, denn es kümmert sich niemand. Bald überziehen Epidemien die Arbeiterschaft, »die fast nicht mehr im Stande ist, sich zu reproduzieren, in der die Lebenserwartung bei zwanzig Jahren liegt und in der die Menschen im frühen Alter an Überarbeitung sterben«[34]. Den Fabrikbesitzern fehlen die Arbeitskräfte. Mit vielfältigen Fabrikgesetzen verringern sie zunächst die Arbeit der Frauen, schaffen sie dann allmählich ab.

Gleichzeitig erkämpfen sich die männlichen Arbeiter, von denen sich mehr und mehr als Klasse verstehen, sozialstaatliche Leistungen, kürzere Arbeitszeiten und Löhne, die für eine Familie reichen. Die Hausfrau wird geboren. Sie sorgt für einen scheinbar reibungslosen Ablauf der Care-Arbeit und hält vor allem in der Nachkriegszeit die kapitalistische Erzählung am Laufen, in einer Gesellschaft, in der wenige von der Ausbeutung der Vielen profitieren, könnten die Bedürfnisse aller befriedigt werden. Weniger abhängig waren Frauen in sozialistischen Ländern, in der Regel gingen sie einer Erwerbsarbeit nach, außerdem hatten sie kollektive Formen der Kinderbetreuung, doch auch sie blieben für die restliche Sorge um Kinder, Kranke und Haushalt die Hauptverantwortlichen, waren also zwar finanziell oft freier, aber dafür mehrfachbelastet.

In den kapitalistischen Staaten gilt ab der Wirtschaftskrise Mitte der 70er Jahre der Wohlfahrtsstaat mit seinen Alleinernährerlöhnen und Sozialabgaben den meisten Unternehmen und großen Teilen der Politik als nicht mehr profitträchtig. Unternehmen wandern ins billigere Ausland ab, und die Politik entscheidet, die hiesigen Produktionsbedingungen rentabler zu machen: mit Lohnkürzungen, Flexibilisierung und Intensivierung der Erwerbsarbeit. Den Unternehmen kommt gelegen, dass eine neue Gruppe von Arbeitskräften auf den Markt drängt: Frauen, die nicht mehr abhängig von den Männern sein wollen. Sie wählen allerdings nicht die Strategie von Federici und anderen, die Gesellschaft komplett anders zu organisieren und Care-Arbeit ins Zentrum der Gesellschaft zu stellen. Statt Wäscheberge, Kochlöffel und Klobürste aus dem verborgenen Privaten zu holen und Care-Arbeit kollektiv mit Kindergärten und Großküchen zu gestalten, putzen, kochen und pflegen Frauen weiterhin allein für sich zu Hause und begeben sich gleichzeitig beruflich in die Abhängigkeit eines neuen Mannes: eines Arbeitgebers. »Eine zweite Arbeit anzunehmen hat uns noch nie von der ersten befreit. Zwei Arbeiten zu erledigen, hat für Frauen immer nur bedeutet, über noch weniger Zeit und Energie für den Kampf gegen beide zu verfügen«[35], schreibt Federici. Hatte bis dahin die Erzählung überzeugt, fast jeder könne im Kapitalismus ein gutes Leben haben und seine Bedürfnisse erfüllen, wurde jetzt zunehmend klar: Wenn alle Erwerbsarbeit machen, bleibt die Fürsorge auf der Strecke.

Nicht zufällig fällt Thatchers berühmte These, es gäbe keine Gesellschaft – eine These, die als Startschuss der neoliberalen Erzählung gilt –, in einer Frauenzeitschrift, der *Woman's Own*. Thatcher wird darin 1987 auf perspektivlose und obdachlose Jugendliche angesprochen, auf Arme und Drogenabhängige, die von Yuppies aus den Städten verdrängt werden, und antwortet: »Ich glaube, wir sind durch eine Zeit gegangen, in der wir zu viele Kinder und Erwachsene haben glauben lassen, ›Wenn ich ein Problem hab, ist es die Aufgabe der Regierung, das zu lösen!‹ ... ›Ich bin obdachlos, soll der Staat mir doch ein Dach über dem Kopf verschaffen!‹, so projizieren sie ihre Probleme auf die Gesellschaft. Was ist das, eine Gesellschaft? Es gibt individuelle Männer und Frauen und Familien, keine Regierung kann irgendwas machen, außer über die Menschen selbst, und die gucken zuerst nach sich selbst.«[36]

Wenn aber Sozialleistungen verringert werden, wenn kommunale Wohnungen an private Fonds verkauft und teurer werden, wenn Liegedauern im Krankenhaus verkürzt werden und Kitas geschlossen, kümmern sich wieder vor allem Frauen um die Kranken, Alten, Schwachen, Obdachlosen. Frauen bereiten Tees, Suppen und Schlafplätze, bleiben zwangsweise zu Hause statt in die Arbeit zu gehen, oder machen alles in Doppelbelastung.

Anstatt das anzuerkennen und zu beheben, verschärften Regierungen auch in der erneuten Wirtschaftskrise ab 2008 die Kürzungspolitik und verlagerten die Krise noch mehr in die Küche. Die griechische Regierung veranlasste unter Druck der Troika eine Kürzung im Gesundheitsbereich. 2009 schon hatte die Regierung den Gesundheitsetat um ein Drittel gekürzt, es wurden nicht mehr genügend frische Nadeln an Drogen-abhängige ausgeteilt, die HIV-Rate stieg. 2010 und 2011 dann kürzte sie weiter, in Krankenhäusern fehlen heute Handschuhe, Desinfektionssprays, Schmerzmittel. »Austerität tötet«, sagen deshalb die Epidemiologen David Stuckler und Sanjay Basu in ihrem gleichnamigen Buch über die neoliberale Kürzungspolitik.

In der Krise werden alle Fürsorgetragenden noch mehr gebraucht als sonst, also vor allem Frauen. Die extreme Rechte verweist die Frau deshalb ganz direkt an den Herd. Aber auch die neoliberale Erzählung macht ihr diese Rolle attraktiv. »Es gehört zum Wesen kapitalistischer Ideologie, die Familie als ›private Welt‹ zu glorifizieren, als letzten Freiraum, wo Männer und Frauen ihre ›Seelen am Leben erhalten‹«[37], so Federici.

Vor allem in der Krise hält Ausbeutung im Care-Bereich also die Idee aufrecht, eine unsichtbare Hand des Marktes verteile den Wohlstand. Dabei sind es die unsichtbaren Hände von

Schwestern und Krankenschwestern, die versuchen, die Armut, Depression und Krankheit abzumildern. Sie arbeiten physisch im Verborgenen – im vereinzelten Privathaushalt, in entlegenen Pflegeheimen und versteckten Bahnhofsmissionen. Und sie arbeiten erzählerisch im Verborgenen – denn als *systemrelevant* gelten nicht sie, sondern Banken.

Charité, 9 Uhr 45

»Wir würden gern mit euch reden«, sagt der Aktivist Win Windisch zu einer Pflegerin im Glaskasten in der Mitte des Ganges, in der sogenannten »Kanzel«. Daniela Dittners Truppe ist auf der ersten Station ihres Rundgangs, um Kolleg*innen für den Streik zu gewinnen. »Wisst ihr, dass heute das Pflegepersonal streikt?« Die Pflegerin nickt. »Habt ihr einen Pausenraum, wo wir kurz sprechen können?« Die Pflegerin guckt sich um. Hinter ihr an einem Computer stehen drei junge Ärzte, die aufgeguckt haben, als der Dialog zwischen der Pflegerin und Dittners Gruppe begann. Die drei Jungärzte entscheiden, wieder in den Computer zu gucken und den Streiktrupp zu ignorieren.

»Wir haben keine Zeit«, sagt die Pflegerin.

»Nur kurz«, sagt Windisch zu ihr.

Wenige Minuten später stehen Dittners Trüppchen und drei Pflegerinnen im Pausenraum der Station. »Lasst uns uns doch kurz setzen«, meint Windisch. Alle setzen sich, eine Pflegerin bleibt im Türrahmen. Keine der drei hatte vor zu streiken, sagen sie. Aus unterschiedlichen Gründen. »Wir dürfen überhaupt nicht streiken«, sagt die im Türrahmen. »Wir können doch die Patienten nicht hier liegen lassen«, meint eine andere. »Ich bin nicht bei ver.di«, sagt eine. Windisch erklärt, jeder habe das Recht zu streiken, auch wer nicht bei ver.di ist.

Schweigen.

»Ich hab vor zwei Jahren gestreikt, geändert hat sich nicht viel«, sagt eine. »Wollt Ihr denn, dass das so bleibt?«, fragt Windisch.

Wollen sie nicht.

Daniela Dittner guckt die drei an, sie sitzt steif. »Ist grad viel los bei euch auf Station?«, fragt sie. »Nee, es geht«, sagt eine. Dittners Augen weiten sich. »Warum streikt ihr dann nicht?« Schweigen.

»Dann können doch zwei mit runter! Wer will?«, fragt Windisch. Keine sagt etwas. »Oder ihr wechselt euch ab, jede streikt zwei Stunden?« »Also, ich nicht«, sagt die im Türrahmen. »Ich würde mal für eine Stunde«, sagt die, die schon mal gestreikt hat. »Okay, eine Stunde du, eine ich«, sagt eine andere. Mit runtergehen wollen sie noch nicht gleich, sie kämen aber nach.

Zwei Minuten später steht Daniela Dittner draußen vor der Station, steif blickt sie in den Gang. Alle schweigen. »Ich halte das nicht aus, ich könnte ausrasten, bei denen war nicht mal viel los, die waren doppelt so viele wie wir sonst, da hätte ohne Weiteres eine mitgehen können, ich verstehe das nicht!«

Auf den nächsten beiden Stationen ignorieren die Kolleginnen den Streiktrupp, nehmen nur einen Flyer in die Hand.

»Ich mag nicht mehr«, sagt Dittner.

»Kommt! Eine Station machen wir noch«, entgegnet Windisch. »Wir müssen wenigstens eine Kollegin mit runterbringen. Wenn das bei den anderen Teams auch so läuft wie bei uns, stehen wir da unten mit drei Dutzend Leuten, wenn der RBB kommt. Hier ist die Nephrologie, die machen wir noch.« Windisch guckt die anderen um Zustimmung bittend an.

Sie nicken. Auch Daniela Dittner.

»Und diesmal«, sagt Windisch, »musst du erzählen, Daniela. Von deinen Erfahrungen.«

Dass männliche linke Aktivisten die Streiks von Krankenschwestern unterstützen, ist neu. Lange galt vor allem der männliche Industriearbeiter als revolutionäres Subjekt, dessen Bewusstsein es zu wecken galt. Heute entdecken viele Linke – wenn auch stark von Frauen forciert – die Systemrelevanz von Care-Arbeit wieder. Silvia Federici ist mit ihren Analysen ein Star in sozialen Bewegungen und an manchen Unis geworden. Prominente Intellektuelle wie die New Yorker Politikwissenschaftlerin Nancy Fraser machen klar, was unsere Ökonomie ausmacht: »das Aufziehen von Kindern, das Sich-Kümmern um Freunde und Familienmitglieder, das Aufrechterhalten privater Haushalte und größerer Gemeinschaften sowie die Pflege sozialer Beziehungen im Allgemeinen«[38]. Und auch während der sozialen Proteste, vor allem der Platzbesetzungen 2011 bis 2013 auf dem Syntagma-Platz in Athen, dem Rothschild-Boulevard in Tel Aviv, bei »Occupy Wall Street« in New York und im Gezi-Park in Istanbul, spielte die Sorge füreinander eine wichtige Rolle: Die Protestierenden bauten Zeltküchen, Erste-Hilfe-Anlaufstellen und Kinderbetreuungen auf.

Im deutschsprachigen Raum sammeln sich seit einigen Jahren Pflegerinnen, Erzieher, Wissenschaftlerinnen und Aktivisten unter dem Begriff *Care Revolution*. Gabriele Winker hat ihn 2009 aufgebracht. Die Professorin für Arbeitswissenschaft und Gender Studies an der Technischen Uni Hamburg analysiert wie Federici, dass es einen »grundlegenden Perspektivwechsel« braucht. In ihrem Buch *Care Revolution – Schritte in eine solidarische Gesellschaft* entwarf sie 2015 Ideen für ein Zusammenleben, das »nicht mehr Profitmaximierung, sondern menschliche Bedürfnisse und insbesondere Sorge umeinander ins Zentrum stellt«[39]. Mittlerweile unterstützen im *Netzwerk Care Revolution* 80 Organisationen ihre Ideen.

Winker fordert einerseits sofortige politische Maßnahmen, wie öffentliche Kitas und Ganztagsbetreuungen auszubauen, finanziell und sozial benachteiligte Kinder zu fördern, pflegende Angehörige finanziell zu unterstützen, migrantische Hausangestellte arbeitsrechtlich zu schützen, Löhne für Care-Arbeiten zu erhöhen und eine solidarische Bürgerversicherung einzuführen. Das Ganze ließe sich, so Winker, über höhere Beiträge durch Finanztransaktions-, Zins-, Miet-, Gewerbe-, Erbschaft- und Vermögensteuern finanzieren.

Ihr und den Mitgliedern des Netzwerks geht es aber vor allem um einen grundsätzlichen Wandel.

Zentral ist neben der kollektiv gestalteten Organisation von Care-Arbeit die Möglichkeit, individuell mehr Zeit für Sorge und Bedürfnisbefriedigung zu haben. Wie bei anderen feministischen Ansätzen wird vor allem eine politisch gestaltete Reduzierung der wöchentlichen Erwerbsarbeitszeit diskutiert, möglichst ohne Lohneinbußen. Anfang 2018 forderte auch die IG Metall zum ersten Mal seit den 80er Jahren wieder, dass jeder Beschäftigte jederzeit für zwei Jahre auf 28 Stunden die Woche reduzieren können solle. Allerdings sieht die Gewerkschaft heute, anders als bei Forderungen nach Arbeitszeitreduzierungen in den 80er Jahren, keinen Lohnausgleich vor. Nur wer Kinder unter 14 hat, soll einen Ausgleich von 200 Euro im Monat erhalten. Ähnlich wie Winker schlägt auch die feministische Publizistin Frigga Haug in ihrer *Vier-in-einem-Perspektive* eine andere Arbeitszeiteinteilung vor. Der Tag sei abzüglich acht Stunden Schlaf in vier mal vier Stunden aufzuteilen: je vier Stunden für Erwerbsarbeit, Familienarbeit, Gemeinwesenarbeit und Zeit für persönliche Entwicklung. Das geseufzte »Wenn ich mal Zeit hätte« wäre dann nicht mehr nötig. Zeit zu haben könnte vielmehr, so Haug, Leitmotiv für das Leben werden. »Es gilt, Bedingungen zu schaffen, unter denen sich alle je nach Fähigkeiten und Bedürfnissen ebenso in die Sorge für sich und andere einbringen können wie auch in den Aufbau von Infrastrukturen oder in die ökologische Produktion von Lebensmitteln oder Gütern«, schreibt Gabriele Winker 2018 im Aufsatz *Das Ganze der Arbeit revolutionieren*.[40]

Das Netzwerk diskutiert außerdem Formen der sozialen Absicherung, vor allem die auch in anderen Milieus populäre Idee des bedingungslosen Grundeinkommens – allerdings nur, wenn es tatsächlich ausreichend hoch ist und wirklich bedingungslos ausgezahlt wird. Die Stimmen gehen hier wie in anderen Szenen auseinander. Die einen kritisieren, ein einheitlicher Geldsatz für alle würde nichts an der Vermögensverteilung an sich ändern. Preise für Essen, Heizung, Strom und Friseurbesuch könnten vielmehr mit dem Argument, alle verfügten ja jetzt über ausreichend Mittel zum Leben, noch erhöht und Löhne gesenkt werden. Für andere wäre ein bedingungsloses Grundeinkommen in der gegenwärtigen Care-Krise ein erster konkreter Schritt dahin, dass Menschen sich jederzeit entscheiden könnten, sich um sich und andere zu kümmern. Darüber hinaus wäre es ein Paradigmenwechsel, weil eine Gesellschaft erst mal bedingungslos allen ein Überleben gewähren würde. So würde es zu einem anderen Menschenbild beitragen und das Denken nach Verwertbarkeit herausfordern.

Die Vertreter*innen einer Fürsorge-Gesellschaft prägen auch in weiterer Hinsicht ein anderes Menschenbild. So hat insbesondere der Begriff der Abhängigkeit in vielen feministischen Ideen eines guten Lebens eine besondere Konnotation: Denn Menschen sind »nicht nur abhängig von Wasser, Luft und Nahrung und damit von ihrer natürlichen Umwelt, sondern auch angewiesen auf andere Menschen, die einerseits benötigte Güter herstellen und sich andererseits um sie sorgen«, schreibt Winker.[41] Abhängigkeit gilt in vielen feministischen Analysen als etwas Gegebenes, als unhintergehbare Grundlage unseres Daseins, die es erstmal anzuerkennen gilt, anstatt sie, wie es die neoliberale Erzählung tut, zu leugnen, zu verachten und individuelle Autonomie zu vergötzen. »In der alten symbolischen Ordnung gilt die Abhängigkeit als etwas, das überwunden werden kann und sollte«, sie wird den vermeintlich Schwachen zugewiesen, analysiert das Autorinnenkollektiv des Buches *ABC des guten Lebens* (2012). »Durch diese Zuweisung entledigen sich die ›normalen‹ Menschen, die gesunden, kräftigen, jungen, zumindest zeitweise der Aufgabe, sich mit der eigenen Abhängigkeit auseinanderzusetzen.«[42]

Darüber hinaus diskutiert das *Netzwerk Care Revolution* auf Kongressen, im Netz und auf Demonstrationen auch Fragen, die über Fürsorge hinausgehen, damit aber zusammenhängen, wie insbesondere unsere grundsätzliche gesellschaftliche Arbeitsteilung. Denn wenn unsere Arbeits- und Produktionsweise die Bedürfnisse der Gemeinschaft befriedigen soll, was auch einige VWL-Lehrbücher von der Volkswirtschaft verlangen, wie die im Netzwerk aktive Ina Praetorius herausstellt, stellt sich die Frage: Welche Arbeiten erachten wir als bedürfnisbefriedigend und wollen wir priorisieren? »Nutzen wir unser pharmazeutisches Wissen, um Durchfall zu lindern, auf der Rangliste weltweiter Todesursachen auf Platz 5, oder um die fünfhundertste Antifaltencreme zu entwickeln?«, fragen im Netzwerk aktive Autor*innen in einem Utopie-Papier. »Stecken Ingenieurinnen ihre Kraft in schnelle Autos und immer kleinere Computer oder geht es erstmal darum, allen Menschen sauberes Wasser zur Verfügung zu stellen?«[43]

Wollen wir nicht weiter auf Kosten von Armen, Migrant*innen und Frauen am Rande des Nervenzusammenbruchs leben, stellt sich also die Frage: Wie viele Lebensbereiche wollen wir der kapitalistischen Logik unterordnen – alle, wenige oder keine? Vermutlich stört es niemanden, wenn am Ende noch zwei oder drei Porsches für den Profit hergestellt werden. Die Daseinsvorsorge aber – Energie, Nahrung, Mobilität, Gesundheit, Bildung, Wohnraum – muss nach der Idee einer Gesellschaft der Fürsorge allen zugänglich und für alle bezahlbar sein, muss also nach Bedürfnissen, nicht nach ökonomischen Interessen gestaltet sein.

Die Anhänger*innen der *Care Revolution* entwickeln auch Ideen für neue Formen des Zusammenlebens. Sie werfen Fragen auf, wie möglichst viele von uns gesund wohnen können, frei entscheiden können, wen sie zu Familie, Eltern, Kindern erklären wollen. Wie wir so zusammenleben können, dass wir unsere Eltern pflegen können, oder wie sie, wenn wir das nicht wollen, woanders unter schönen Umständen altern können. Wie wir zusammenleben, um Kinder auch dann behütet großzuziehen, wenn die romantische Zweierbeziehung endet, zum Beispiel indem wir sie mit besten Freund*innen großziehen, die vielen länger erhalten bleiben als Lebensabschnittspartner*innen.

Diese Ideen zu Fürsorge und anderer Arbeitsteilung, zu Zeit, sozialer Absicherung und Zusammenlebensformen sind noch kein neuer Entwurf. Sie sind aber Anregungen für einen solchen, sind Ausgangspunkt für eine Erzählung, in der Fürsorge im Zentrum steht. Kann diese Idee in der Breite verfangen?

Den Reality Check besteht sie, denn die Care-Krise erleben

viele von uns ständig selbst, der glückliche Rest erfährt davon durch Nachbarinnen, Kollegen oder Schlagzeilen. Es handelt sich bei der *Care Revolution* auch um eine Erzählung mit einem eigenen Frame, einem eigenen Paradigma: eine Gesellschaft, in der die Sorge füreinander im Zentrum steht, eine Gesellschaft, in der auch weitere Teile der Ökonomie der Bedürfnisbefriedigung dienen. Wird die Idee einer *Care Revolution* aber wiederholt, wird sie immer wieder erzählt, gibt es sie in Feedback-Schleife? Die Bedeutung von vollen Spülbecken und Windeln im verborgenen Zuhause verfängt wenig im breiten Mainstream. Die bezahlten Fürsorgebereiche aber sind durch die Streiks von Erzieherinnen und Pflegekräften in den letzten Jahren sichtbar geworden. *Care* gelangt also teilweise in den Fokus unserer Erzählungen. Anders verhält es sich mit der Notwendigkeit der Revolution, also der Analyse, dass ein paar Tausend weitere Pflegestellen nicht reichen, sondern wir weit ausholen, Gesundheit, Bildung, Rente nach Bedürfnissen statt nach Profit gestalten müssen. Dieser Teil läuft nicht in Feedback-Schleife, schon gar nicht auf anerkannten Kanälen. Machen die Menschen die Erfahrung, dass alles bleiben kann, wie es ist?

»Der real existierende Kapitalismus ist von der gleichen Spaltung durchzogen, die den realexistierenden Sozialismus ausgezeichnet hat: Auf der einen Seite existiert eine offizielle Kultur, in der Unternehmen als sozial verantwortlich und mitfühlend dargestellt werden, auf der anderen Seite existiert ein breites Bewusstsein darüber, dass Firmen in Wirklichkeit korrupt, skrupellos etc. sind«, erklärt Mark Fisher in *Kapitalistischer Realismus ohne Alternative?*[44] Dieses »breite Bewusstsein« zeigt auch eine Studie des Allensbacher Instituts für Demoskopie: 48 Prozent der Befragten meinen, der Kapitalismus in seiner derzeitigen Form sei nicht mehr zeitgemäß.[45] Auf die Frage, was mit dem Wirtschaftssystem in Deutschland verbunden wird, kreuzten je rund 80 Prozent die Antworten »Ungleichheit«, »Gier« und »Ausbeutung« an. Das heißt noch nicht, dass alle 80 Prozent das ändern und eine *Care Revolu-*

tion wollen, vielleicht finden ein paar Ausbeutung okay, mit »Selbstausbeutung« kokettieren immerhin viele. Einige wollen aber vermutlich eine Veränderung. Insbesondere viele Frauen wären vermutlich offen für Diskussionen über einen Neuentwurf, der einen Schwerpunkt unseres Lebens, in dem mehrheitlich sie tätig sind – Fürsorge –, neu bewertet. Von der *Care Revolution* erzählen können sich also mindestens all diese Care-Arbeitenden im Büro, in der Kita, in der Kantine, in der Mensa, ebenso auch progressive Medien und Parteien, soziale Priester oder kritische Wissenschaftlerinnen.

Es gibt keine konkrete Vision, wie unsere Gesellschaft, wie ein Tag in diesem Leben aussähe, wir können auf nichts Konkretes referieren. Das liegt in der Natur der Sache: Einen Masterplan zu entwerfen, widerspricht der emanzipatorischen Idee, nach dem zu leben, was viele wollen. Und dazu müssen wir erst mal die Vielen befragen.

Auch das ist eine zentrale Erkenntnis der Idee der *Care Revolution*: Wir müssen die Ideen für eine neue Erzählung, die zu unserem Leben passt, langsam entwickeln, »in Gesprächen unter Gleichen«, sagt Gabriele Winker, »in Gemeinschaften auf nachbarschaftlicher, kommunaler oder regionaler Ebene«. Winker schlägt deshalb »Care-Räte« vor. In einem solchen Care-Rat treffen sich in Freiburg seit 2017 Pflegerinnen, Erzieher, Feministinnen. Weil sie die Idee noch erproben und nicht bekannt sind, haben sie sich zunächst selbst ernannt, später sollen Anwohner*innen sie wählen. Obwohl viele jung sind, entschieden sie sich, als Erstes über Altenpflege in Freiburg zu sprechen.

Über Sorgearbeit, analysiert Winker – und das ist relevant für weitere Themen –, lassen sich neue Formen der Mitbestimmung ausprobieren. Denn Sorgearbeit findet dezentral statt, in Kitas, Arztpraxen, Kantinen, Krankenhäusern, Nachbarschaftshilfen. Nur da, wo alle Beteiligten zusammen sind, ist es möglich, detailliert nach den Bedürfnissen zu fragen, in großen Strukturen wie Bundes- oder Landesparlamenten ist das schwer. Wie wir diese Bedürfnisse auf Strukturen für Millionen Menschen weitertragen, und ob das geht, ist ungelöst. Lokal und regional aber können Menschen besser darüber diskutieren, wie viele Pflegeheime ein Stadtteil braucht, ob sie kommunal, selbstverwaltet oder privat organisiert sein sollen. Auf lokaler Ebene können Menschen erproben, wie es ist, sich an festgestellten Bedürfnissen statt an Markterfolg oder Planerfüllung zu orientieren. Ein anderer Versuch der lokalen politischen Gestaltung im Bereich Fürsorge sind stadtteilorientierte Gesundheitszentren. Ein solches entsteht gerade in Berlin-Neukölln. Hier kriegen Anwohnende nicht nur Pillenrezepte, sondern auch Sozialberatung und rechtliche Beratung. Das Kollektiv, das das Zentrum initiiert hat, macht außerdem Gemeinwesenarbeit und will mit den Kiezbewohner*innen herausfinden, was sie eigentlich krank macht – Müll, enge Wohnungen, Verkehrslärm, dreckige Luft, Gewalt? –, um dann gemeinsam politisch auf gute Lebensbedingungen hinzuwirken, sodass Krankheiten gar nicht erst entstehen.

Auch wenn es keinen Masterplan gibt, hat das *Netzwerk Care Revolution* ein paar Schlüsse gezogen: In einer am guten Leben für die Vielen orientierten Gesellschaft würden wir weiter Häuser bauen, Nudeln kochen, Bücher schreiben, allerdings nicht in erster Linie für Profit und nach dem Motto »Hauptsache, man hat Arbeit«, sondern danach, was nötig ist. Architekt*innen würden Häuser möglicherweise anders bauen, eher so, dass viele darin kollektiv wohnen und füreinander sorgen können. Natürlich wäre es im Sinne der Fürsorge sinnvoll, Vernichtungsindustrien wie die Rüstungsindustrie und die die Klimakrise befördernde Automobilindustrie zu beenden beziehungsweise stark zu reduzieren. Viele schlussfolgern außerdem, dass der Zugang zu lebensnotwendigen Ressourcen für viele leichter ist, wenn Häuser oder Betriebe nicht in Privatbesitz Weniger sind. Ein Leben nach unseren Bedürfnissen, mit guten Bedingungen für gegenseitige Fürsorge, auch das machen sie klar, ist kein Paradies, Menschen werden weiterhin Klos putzen und Orga-Mails verschicken müssen. Diese Arbeiten würden aber nicht nur Putzfrauen und Sekretärinnen machen, sondern auch

Putzmänner und Sekretäre (gemeint ist nicht das Möbelstück), und sicher würde diese Arbeit dann niemand 40 Stunden in der Woche machen. Bestünden gute Bedingungen für Fürsorge, wäre »vielleicht die Pflege einer älteren Person plötzlich gar nicht so viel weniger attraktiv als eine 60-Stunden-Woche in einer Kanzlei oder Ersatzteile für Düsenjets zu bauen oder Wetten auf Nahrungsmittelpreise zu organisieren«, schreiben die im Netzwerk aktiven Autor*innen in ihrem Utopie-Papier. »Wenn bestimmte Arbeit nicht mehr entfremdet stattfindet, also Demenzpflege mit Stechuhr oder eine Erzieherin für zu viele Kinder, ist sie vielleicht nicht mehr so unbeliebt.«[46] Eine Care-Gesellschaft hieße weder totaler Luxus noch totaler Konsumverzicht für alle, stattdessen würden einige auf etwas verzichten müssen, andere sich etwas mehr Luxus leisten können. Diesen Gedanken der Solidarität teilen nicht alle, vor allem nicht die, die mutmaßlich auf Privilegien verzichten müssten, wir können aber anfangen, mit allen, auch Letzteren, darüber zu diskutieren.

Der Entwurf, den es für eine neue Erzählung zu streuen und auf allen Kanälen zu verbreiten gälte, ist also noch nicht da, kann gar nicht ohne die Vielen entstehen. Die Vertreter*innen der Direkten Aktion würden ohnehin sagen: Lass die Theorie, tu so, als sei die bessere Welt schon Realität, es geht ums Machen, darum, im Alltag anders zu leben. Doch die Analyse des Erzählens bietet uns die Möglichkeit, Theorie und Praxis zu verbinden, das schon jetzt Gelebte, das Machbare anders zu *framen* als in die bestehenden Erzählungen von Konkurrenz und Eigennutz. »Von klein auf sind wir in der Lage, die Gefühle anderer zu lesen und uns in anderen wiederzuerkennen«, heißt es in dem Utopie-Papier. »Die Menschheitsgeschichte lässt sich nicht allein als Geschichte der Werkzeugherstellung lesen oder gar als Ergebnis erbittert ausgetragener Konkurrenz, ständiger Zweck-Nutzen-Optimierung und Durchsetzung des Stärkeren. In viel höherem Maße ist die Geschichte der Menschheit eine von Kooperation und Empathie.« Kein Neugeborenes würde älter als ein paar Tage, würden wir uns nur um uns selbst kümmern. Niemand hört stundenlang dem besten Freund zu, weil sich die Seelsorge irgendwann mal kostenkalkulatorisch auszahlt. Es würden nicht 900.000 Menschen geflüchtete Kinder bei den Hausaufgaben betreuen und ihre Eltern zu Arzt und Behörden begleiten, nur weil sie sich selbst auch mal in einer Notlage befinden könnten und Hoffnung auf Karma-Ausgleich haben. Niemand musiziert über Jahre ehrenamtlich mit Demenzkranken im Altenheim, um dafür mal eine Auszeichnung zu kriegen. Natürlich arbeiten nicht alle 3,5 Millionen Ehrenamtlichen der sieben großen Wohlfahrtsverbände in Deutschland ausschließlich aus Altruismus. Sie arbeiten dort aus verschiedenen Gründen, aus Langeweile, Einsamkeit, Hoffnung auf Anerkennung, schlechtem Gewissen, Freude, Erfüllung oder für einen Blumenstrauß. Ihre Fürsorgearbeit aber würde nicht existieren, träfe das Menschenbild des *homo oeconomicus* zu.

Diese ganze Fürsorge geschieht vielmehr, obwohl die materiellen Bedingungen dafür denkbar schlecht sind, und obwohl ideell die Erzählungen von Wettbewerb, Eigenverantwortung und Ausgrenzung auf Dauerschleife laufen. Wäre das nicht mehr der Fall, und hätten wir mehr Zeit zur Verfügung, wie groß wäre unsere Fürsorge dann? Gelungene Geschichten vom alltäglichen Füreinander-Sorgen, von Solidarität, von Empathie für die Bedürfnisse der anderen können wir uns schon jetzt erzählen – mitsamt den Schilderungen der schlechten Bedingungen und der konkreten Veränderungswünsche. Denn ein neuer Entwurf entstünde aus dem, was da ist, und dem, was wir mehr und anderes wollen. Dazu müssen wir das tägliche solidarische Handeln mehr als bisher benennen, feiern und verbreiten. Eine neue Erzählung von Fürsorge und einem Leben nach Bedürfnissen kann aus dem Vollen schöpfen – und noch mehr davon ersehnen.

10 Uhr

»Erzähl du«, raunt Win Windisch Daniela Dittner zu, als die Schiebetür zur Nephrologie aufgeht. Kurz darauf sitzt die Truppe mit einer jungen und einer älteren Pflegerin sowie einem jungen Pfleger im Pausenraum. Auch hier wissen alle drei Diensthabenden vom Streik, auch hier hatten aber alle drei nicht vor, sich zu beteiligen. Daniela Dittner sitzt steif da, guckt.

Windisch dreht sich zu ihr. Sie guckt zurück. Seine Augen weiten sich, sagen: Mach.

»Ich würde ja gern streiken«, sagt die junge mit spanischem Akzent, sie grinst, wird dann ernst, guckt zur älteren Kollegin. »Ich kann aber die anderen nicht allein lassen.«

Schweigen.

»Ich bin selber vom Bett«, sagt Dittner.

Alle gucken zu ihr. Sie klingt jetzt sanfter als eben auf dem Gang.

»Nachts ist doch auch eine von euch allein mit so vielen, oder?«, fragt sie.

Die drei nicken.

»Das kümmert die Leitung doch auch nicht.«

Nicken.

»Ich bin von der 7«, erklärt sie weiter. »Wir machen da jetzt im Moment nur Nachtdienstbesetzung. Das haben wir angekündigt. Windeln, Lagern, Essen bringen.«

Das heißt, weiß ich mittlerweile, dass die Kranken nicht wie tagsüber üblich angekleidet, ausgiebig gewaschen, massiert, behandelt werden.

»Ich weiß, dass das nicht einfach ist«, sagt Dittner. »Aber sonst ändert sich nichts. Das ist doch langfristig auch für die Patienten besser. Und nachts stört das die Leitung doch auch nicht, wenn wir so wenige sind.«

Wieder Nicken.

»Es wäre jetzt wichtig, dass einer von Euch mitkommt.«
Niemand sagt etwas.

»Ich würde.« Die junge Pflegerin guckt grinsend zur älteren. Die nickt. Einige atmen auf.

Windisch schlägt die Augen nieder. Wenigstens eine. Sie wollten drei oder vier mitbringen, aber jetzt gehen sie wenigstens nicht allein wieder runter ins Streiklokal.

Sie rücken die Stühle zurück.

»Wenn es okay ist«, sagt eine leise Stimme, als sich die ersten erheben, »würde ich auch mitstreiken.« Es ist der junge Pfleger.

Die anderen drehen sich zu ihm um.

»Ach so?«, sagt die ältere Kollegin. Sie guckt, als gehe sie im Geiste die Zimmer des Kollegen durch. Welche Fälle warten auf sie? Welche Fälle hat sie selbst? Welche hat die junge Pflegerin? Wenn er jetzt ginge, wird sie einen so harten Tag wie sonst die Nachtschicht haben. Nur müsste sie jetzt den Kranken erklären, warum sie heute auch tagsüber nicht angezogen, nicht massiert, nicht gewaschen werden. Hätte die Klinikleitung den Streik ernstgenommen und die Patientenaufnahme gestoppt, wäre das freilich nicht der Fall. Doch die Betten hier sind voll.

Der junge Pfleger guckt sie fragend an.

Sie zuckt mit den Schultern. Okay, heißt das. Einige atmen tief durch.

»Gut«, sagt Windisch schnell und steht auf, ehe es sich jemand anders überlegt. »Dann kommt mit runter.«

»Der Herr E. kriegt noch eine Heparinspritze.« »Und die hier«, die junge Pflegerin zieht eine Tablette aus ihrer Brusttasche, »kriegt der Herr M.«

»Wie ist es draußen, brauche ich eine Jacke?«, fragt die junge Pflegerin. »Nein, es ist Herbstsonne«, sagt Windisch. »Ich bin Sara.« »Hi, ich bin Win.« »In Madrid«, sagt Sara, »waren wir mehr pro Patient als hier, aber jetzt in der Krise ist es wie bei euch.«

»Vier Stationen und zweieinhalb Leute mitgenommen ist doch gut«, sagt Windisch zu Dittner draußen in der Sonne. »Und du hast gut erzählt, Daniela.« »Ja, das war gut, weil ich ja auch von der Station bin und meine Patienten grad verlasse. Wir machen auch nur Nachtdienst, obwohl es bei uns voll ist und die Krankenhausleitung einfach übers Wochenende weiter neue Patienten reingelegt hat.«

Für den RBB waren um 11 Uhr knapp 100 Leute vor der Kamera, aber Daniela Dittners *Wilde 7* wurde bis Ende der Woche nicht geschlossen. Die Klinikleitung machte Druck auf die Streikleitung, diese brach den Streik erschöpft ab. Die Verhandlungen verliefen zäh, mittlerweile sind sie ausgesetzt und die Pflegekräfte frustriert, weil keine Entlastung eintritt.

Doch in den Wochen und Monaten nach dem Streik an der Charité streikten Pflegekräfte an vielen Orten in der Bundesrepublik. Teilweise übernahmen sie die Streiktaktiken der Charité und erreichten Vereinbarungen, die über die Errungenschaften von Dittner und Gummert in den letzten Jahren hinausgingen. An Krankenhäusern in Düsseldorf und Essen konnten sie bemerkenswerte Verhandlungsabschlüsse erreichen, in Augsburg und im Saarland erstritten sie mit der bloßen Androhung eines Streiks einen guten Personalschlüssel mit Sanktionsmöglichkeiten. In Berlin, Hamburg, Bremen und Bayern starteten 2018 außerdem Volksbegehren zu Mindestpersonalzahlen, zu Hygienevorschriften und Quoten für die Investitionen der Länder – in Berlin und Bayern unterstützt von Ärztekammer und Marburger Bund. Auszubildende an deutschen Krankenhäusern erstritten 2018, dass sie ab 2019 monatlich rund 1000 Euro bekommen – vorher bekamen sie gar nichts –, das betrifft unter anderem Auszubildende für Logopädie und Ergotherapie, darunter vor allem junge Frauen. ARD-Dokus, *Spiegel*-Cover und *BILD*-Titel widmeten sich 2017 und 2018 dem Pflegenotstand, der Druck auf die sich formierende Bundesregierung wurde so groß, dass sie im Koalitionsvertrag 2018 erstmals davon sprach, Personalschlüssel für alle Stationsarten gesetzlich festzulegen. Faktisch ist bisher zwar wenig passiert, aber immerhin erkennt die Regierung jetzt verbal an, dass die Frage, wie viele Kranke eine Pflegekraft höchstens versorgen darf, gesetzlich geregelt werden muss. Außerdem entschied sie, dass Pflegepersonalkosten ab 2020 nicht mehr über das Pauschalen-System finanziert werden sollen – ein bedeutender Schritt, denn er sieht vor, Pflege und damit eine der zentralen bezahlten Fürsorgearbeiten wieder bedarfsgerecht zu bezahlen, statt profitorientiert.

Das Aufbegehren der Pflegekräfte, die Volksbegehren und Care-Räte sowie der große Streik der Erzieher*innen 2016 sind bedeutende Schritte, sind ein wichtiges »geduldiges friedliches Arbeiten an einem anderen Paradigma«, wie Ina Praetorius es nennt. Es bringt die Trennung der Welten in Hausarbeit, Familie, Frauen, Kolonisierte, Soziales, Abhängigkeit, Liebe, Privates und Natur einerseits und Männer, Arbeit, Politik, Geld, Markt, Vernunft, Öffentlichkeit andererseits in eine neue Unordnung. Mariarosa Dalla Costa sagte in den 70er Jahren, einen echten Generalstreik habe es nie gegeben, denn dazu müssten auch Hausfrauen und Mütter streiken. Doch genau diese erheben sich gerade. Mit echten effektiven Streiks, aber auch darüber hinaus. Wie in Spanien am Weltfrauentag 2018: Hausfrauen, Anwältinnen, illegalisierte Hausangestellte, Unternehmerinnen, Bauarbeiterinnen und Studentinnen sind, unterstützt von Gewerkschaften und Männern, die bei den Vorbereitungstreffen die Versorgung und Kinderbetreuung übernahmen, auf die Straße gegangen, zu einem »Frauenstreik« – eine Million in Madrid, sechs Millionen in ganz Spanien.[47] In anderen europäischen Städten wollen sie es ihnen in den nächsten Jahren gleichtun.

Welche Arbeit Arbeit macht und wie Ideen und Bewegungen unsere dichotome Weltordnung noch stören, zeigt sich auch jenseits von Krankenbetten, an anderen Orten.

Was wächst wie lange?
Eine Spurensuche im Wald

> Wenn kein anderer Planet möglich ist,
> dann ist eine andere Welt nötig.
> Alyssa Battistoni

Widerständische Dörfer

Tamaquito, Kolumbien, Anfang 2013

Jairo Fuentes liegt in einer Hängematte, als eine Handvoll Soldaten auf ihn zukommen.

»Wir sind hier, um die Einwohner zu zählen«, sagt einer der Soldaten zu ihm.

Er meint die Dorfgemeinschaft Tamaquito, rund 32 Familien, die in Häusern aus Holz und Lehm im Urwald leben. Tamaquito zählt sich zu den Wayúu, einer indigenen Kultur in der Region La Guajira im Nordosten Kolumbiens. Die Menschen hier leben von Fischfang und Jagd, bauen Mais, Melonen und Bohnen an, sammeln wilde Früchte und halten Hühner, Schweine, Kühe, Ziegen, Pferde.

Weitere Soldaten schleichen mit Maschinenpistolen um die Häuser, während Jairo Fuentes mit dem Soldaten spricht.

Fuentes weiß, in wessen Auftrag sie hier sind. Vier Kilometer entfernt liegt der Krater des größten Kohletagebaus der Welt, er frisst sich mit Sprengungen täglich zwei bis drei Hektar voran, um Kohle freizulegen, die nach Deutschland, England, Japan, in die USA ausgeführt wird. Tamaquito und Fuentes' Hängematte sind dem Betreiberunternehmen Cerrejón im Weg.

»Das müssen wir erst intern diskutieren«, antwortet Fuentes dem Soldaten. »Dann sehen wir weiter«, sagt er. Der Soldat zieht ab. Und die Gemeinschaft Tamaquito kommt zu dem Urteil: »Wir können nicht zulassen, dass ein Konzern unseren Reichtum aus dem Land schafft.« Die Dorfgemeinschaft verweigert den Dialog mit dem Kohleunternehmen, denn sie sagen sich: »Wir haben hier alles, was wir zum Leben brauchen.«

Es ist eine der ersten Szenen aus dem Dokumentarfilm *La buena vida – Das gute Leben* (2015) des Münchner Filmemachers Jens Schanze. Eineinhalb Jahre hat er mit der Kamera begleitet, wie Fuentes und die anderen Mitglieder von Tamaquito ihr Leben und die Natur, von der sie leben, vor der Zerstörung durch den Tagebaubetreiber zu bewahren versuchen. Der Titel des Dokumentarfilms sagt, worum es ihnen geht: um *das gute Leben.*

Das gute Leben, oft auch mit der spanischen Form *El Buen Vivir* bezeichnet, in der Sprache der Indigenen *Sumak Kawsay,* meint ein in Lateinamerika verbreitetes Konzept des Zusammenlebens von Menschen und Natur. Indigene, vor allem im Andenraum, haben es entwickelt. Diese Weltanschauung beschreibt ein sozial gerechtes und ökologisch nachhaltiges Leben, in dem der Mensch sich verantwortungsvoll um die anderen kümmert, die Gemeinschaft stärkt, in möglichst großer Harmonie mit seinen Mitmenschen und der Natur lebt und ein jahrhundertealtes Wissen über Gemeinschaft und Natur weiterträgt. Das *Buen Vivir* ist durch regionale Lebensversorgung geprägt, Ideen von Wirtschaftswachstum und dem Anhäufen von Gütern sind ihm fremd, insbesondere der großindustrielle Abbau von Rohstoffen. Das Konzept sieht vielmehr vor, sich gegen ebenjenen Extraktivismus zu wehren, und gilt als Alternative zum Neoliberalismus. In Bolivien und Ecuador wurde das *Buen Vivir* 2007 bzw. 2008 in den Verfassungen verankert, sie garantieren unter anderem Anspruch auf ausreichende Ernährung, Gesundheit, Erziehung und Zugang zu sauberem Wasser. Die Natur verfügt über eigene Rechte, Privatisierungen von natürlichen Gemeingütern wie Wasser sind verboten. Ähnliche Ideen indigener Kulturen gibt es auch an anderen Orten des Globalen Südens, wie das Konzept der *Radikalen ökologischen Demokratie* in Indien oder das afrikanische *Ubuntu,* was übersetzt etwa »Ich bin, weil wir sind« bedeutet, also dass eine Person erst durch andere Menschen und Lebewesen zu einer Person wird.

Über die Konzepte indigener Kulturen, vor allem über das *Buen Vivir,* sprechen seit einigen Jahren auch Menschen in westlichen Industrienationen. Beim Weltsozialforum 2010 im brasilianischen Porto Alegre wurde das *Buen Vivir* erstmals auf internationaler Ebene diskutiert. Im deutschsprachigen Raum gab es in den letzten Jahren in Berlin, München und Wien Kongresse zum Thema, Friedrich-Ebert-Stiftung, Rosa-Luxemburg-Stiftung und Heinrich-Böll-Stiftung befassen sich damit, in Köln gibt es seit 2013 jährlich den »Tag des guten Lebens«.

Wie die *Care Revolution* ist *Buen Vivir* eine Idee, die über Ansätze für einen eigenen Entwurf verfügt, einen eigenen Frame. Im diesem Fall: *das gute Leben.* Das Konzept der Indigenen mit seiner regionalen Lebensversorgung und seinem maßvollen Wirtschaften sieht eine andere Wirtschaftsweise als die auf Profit ausgerichtete vor, hat also einen *tiefroten* Anteil, und es sieht eine andere Bewertung der Natur vor, worin diese nicht mehr das *Andere* ist, hat also auch einen *radikal bunten* Anteil. Ist das Konzept der Indigenen aber auf den Globalen Norden übertragbar, ohne dass wir alle in den Dschungel oder in ein Baumhaus im Hambacher Forst ziehen müssen?

Damit die Idee in den westlichen Industrienationen den Hauch einer Chance hätte, müsste dort eine große Zahl an Menschen den Befund teilen, dass die natürlichen Lebensgrundlagen aller zu schützen sind. Ist das der Fall? Welche Rolle spielen globale Ressourcen in unseren bestehenden Erzählungen, und welche haben sie tatsächlich für unser Leben?

Im weiteren Verlauf von Jens Schanzes Film bekommt Jairo Fuentes anonyme Drohanrufe, das Militär taucht immer wieder in Tamaquito auf und Fuentes und die anderen kommen zu dem Schluss, dass sie sich gegen die »Macht, die (sie) jederzeit auslöschen kann« nicht gewaltvoll werden verteidigen können. Sie nehmen den Dialog mit dem Kohleunternehmen wieder auf. Von da an preist eine Cerrejón-Vertreterin ihnen regelmäßig in Workshops auf dem Dorfplatz die Umsiedlung und neue »Geschäftskonzepte« an: Der neue Ort, die neue Lebensweise seien »sehr viel angenehmer« (»das Projekt eures Lebens«). Sie könnten in Zukunft, statt nur für sich, für viel mehr Menschen produzieren und das Übrige als »Ware« auf den »Markt« tragen, auch ins Ausland (»Melonen müssen eine bestimmte Größe haben«), und einen »Lebensunterhalt« erwirtschaften. Dass das ein besseres Leben wäre, davon kann die Vertreterin Fuentes und die anderen nicht überzeugen. Vor allem, weil der neue Ort, an den sie ziehen sollen, nicht wie Tamaquito im üppigen Wald, sondern in der Steppe liegt, kein Wasser, kein Fluss, kein Brunnen. Zwar baut Cerrejón ihnen dort Ziegelhäuser mit Strom und Gasherd, sie stehen aber auf staubigem Feld. Mit Widerwillen und erst, als sie dem Unternehmen eine schriftliche Versicherung abringen können, Wasser hinzuleiten und Teiche anzulegen, stimmen die Mitglieder von Tamaquito der Umsiedlung zu. Am 13. August 2013 werden sie abgeholt. Ehe die Bagger kommen, schlagen sie selbst ihre Häuser aus Lehm und Pflöcken ein, die zu kleinen Haufen Erde und Holz zusammenfallen. Henrys Ureche, der beste Jäger unter ihnen, entnimmt der fruchtbaren Erde Bananenstauden. Kurz darauf steckt er sie mit seinen Töchtern in die staubige Erde seines neuen Wohnortes. Gießen kann er sie nicht, es gibt dort noch kein Wasser. Auch sechs Monate später nicht, die Bananenstauden schlagen keine Wurzeln, die Mitglieder von Tamaquito können keine Ernte einbringen, sie müssen regelmäßig Überbrückungsgelder von Cerrejón erstreiten, um Wasser und Nahrung besorgen zu können. In den neuen Häusern mit kaltem harten Fliesenboden halten sie sich kaum auf, viele kochen draußen statt auf dem Gasherd, manche haben sich neue Lehmhäuser auf dem staubigen Feld gebaut. Ein Jahr später und zum

Schluss des Films reist Jairo Fuentes mit Hilfe einer NGO in die Schweiz, zur Hauptversammlung des für das Steinkohlebergwerk zuständigen Rohstoffkonzerns *Glencore*, wo Verwaltungsratspräsident Tony Hayward den Aktionären berichtet, wie ihr Unternehmen 2013 seine Größe verdoppelt hat. Als Publikumsfragen zugelassen werden, erhebt sich Jairo Fuentes aus den Stuhlreihen. Die Gemeinschaft Tamaquito sei in einer schwierigen Lage, habe kein Trinkwasser und keine Produktionsmöglichkeiten mehr. Belustigt von Jairo Fuentes' Auftreten wimmelt Hayward seine Schilderungen ab.

Was Jens Schanze anhand von Tamaquito zeigt, passierte in der Region in großem Maßstab. Der Bergwerkbetreiber baggerte weitere Dorfgemeinschaften weg, teilweise verdrängte das kolumbianische Militär sie gewaltsam.[48] Durch die Region La Guajira fahren heute alle 90 Minuten Kohlezüge, sie transportieren 100.000 Tonnen Kohle pro Tag. Die Wayúu haben vom Staub der Sprengungen Ernteausfälle sowie Haut- und Atemwegserkrankungen. Der Fluss Río Ranchería, von dem 250.000 Menschen abhängen und der eine wichtige spirituelle Bedeutung für die Wayúu hat, wird über 26 Kilometer umgeleitet, um die 500 Millionen Tonnen Kohle unter dem Flussbett abzubauen. Viele der Wayúu kommen jetzt nicht mehr einfach an den Fluss, Subsistenzwirtschaft und Jagen ist in Teilen der Region verboten.

Wie die Wayúu werden weltweit jedes Jahr rund 1,5 Millionen Menschen durch den Abbau von Bodenschätzen gezwungen, ihren Wohnort zu verlassen.

Kohlekonsum und seine Auswirkungen im Globalen Süden sind nur ein Beispiel der *imperialen Lebens- und Arbeitsweise,* die unter anderem Forscherinnen und Aktivisten um den Göttinger Agrarökonomen Thomas Kopp analysieren und in dem Buch und Online-Dossier *Auf Kosten anderer?* (2017) mit Fakten und Beispielen zusammentragen, auf die ich auf den folgenden Seiten zurückgreifen möchte.[49] Dabei geht es ihnen nicht nur um individuelles Verhalten, sondern vor allem um die Strukturen unserer Lebens- und Produktionsweise: einerseits um handfeste Strukturen wie Gesetze, Infrastrukturen und Produktionsabläufe, andererseits um geistige und narrative Strukturen wie Verhaltensweisen und Denkmuster. Gemeinsam ermöglichen sie dem Globalen Norden ein Leben auf Kosten des Globalen Südens: Supermarktketten liefern uns das ganze Jahr Mangos; wir halten es für angemessen, alle zwei Jahre ein neues Handy mit Bestandteilen aus Coltan-Minen zu kaufen; moderne Putztruppen auf den Philippinen müssen acht Stunden täglich Enthauptungsvideos und Dokumente sexualisierter Gewalt betrachten, um das Erscheinungsbild von Facebook und Google reinzuhalten; internationale Finanzeinrichtungen zwingen über Kredite und Währungspolitik dem Globalen Süden ihre Vorstellungen von politisch sinnvollen Maßnahmen auf; und westliche Regierungen verzichten darauf zu verlangen, dass ihre Unternehmen Arbeitsschutzstandards im Ausland einhalten.

Lange machte die kapitalistische Erzählung die Menschen im Globalen Norden glauben, Fortschritt und Wohlstand lägen in erster Linie an Fleiß, Willenskraft und Innovationsfähigkeit der dort lebenden Menschen, wie unter anderem der Münchner Soziologe Stephan Lessenich in Vorträgen und in seinem Buch *Neben uns die Sintflut. Die Externalisierungsgesellschaft und ihr Preis* (2016) beschreibt. Tatsächlich waren auch die arbeitenden Klassen des Globalen Nordens daran beteiligt, vor allem aber die Landnahme in einem nichtkapitalistischen Außen. Die imperiale Lebensweise fußt auf der europäischen Expansion und der Kolonialisierung großer Teile des Globalen Südens im 15. und 16. Jahrhundert sowie auf der späteren Industrialisierung und dem Imperialismus im 18. und 19. Jahrhundert. Mit rassistischen Argumenten wie der Vorstellung vom *Wilden* und von der Überlegenheit der christlichen Religion weiteten die konkurrierenden europäischen Mächte ihren Zugriff auf Land, Arbeitskraft und Rohstoffe weltweit aus, teilten die Erde gewaltsam untereinander auf und machten sich die Techniken und das Wissen der Unterjochten zu eigen. Hatten zu Beginn des

19. Jahrhunderts die rohstoffreichen Länder des Globalen Südens, die zum Teil, wie Indien, in der Textilherstellung technisch führend waren, noch über zwei Drittel des weltweiten Einkommens verfügt, war es Mitte des 20. Jahrhunderts nur noch ein Viertel.[50]

Heute, da mehr Menschen als je zuvor auf der Flucht sind, da die Folgen der Klimaerhitzung auch im Norden langsam zu spüren sind, da auch europäische Meere, Flüsse und Wasserleitungen voller Mikroplastik sind, erkennen immer mehr Menschen im Norden, dass ihre Lebensweise imperial und die Landnahme eines Außen auf einem Planeten endlich ist. Trotzdem leugnet die neoliberale Erzählung eine echte Abhängigkeit des Nordens vom Süden und des Menschen von der Natur. Sie leugnet Wissen, Erfahrung, Techniken und Kulturen der Indigenen im Globalen Süden, sie zerstört weiterhin genügsame, achtsame, naturverbundene Lebensweisen und Subsistenzökonomien und drängt ihnen, wie über die Cerrejón-Vertreterin im Falle von Tamaquito, eine Wirtschafts- und Lebensweise nach der Idee von Wachstum, Markt und Wettbewerb auf.

Dass die imperiale Lebens- und Produktionsweise sowohl unmittelbar zu Toten führt, wie im Fall der über 1100 Textilarbeiterinnen der eingestürzten Fabrik Rana Plaza in Bangladesch 2013, als auch mittelbar durch Entwaldung, Bodenerosion, Erschöpfung von Wasserressourcen, Luftvergiftung, steigende Meeresspiegel, Krankheiten, Migration und Gruppenkonflikte, ist den meisten Menschen auch im Norden heute bekannt. Der Slogan »Kinderblut an T-Shirts« ist in fast aller Munde.

Eine Lösung dafür scheint aber in der liberalen Erzählung nicht auf. Die liberale Erzählung verweist individualisierend auf bewussten Konsum, Charity-Akte von Großspendern oder das Spendenkonto der *Tagesschau* nach dem Beitrag über die jüngste Katastrophe in Südostasien. Dabei ist verantwortungsvoller Konsum ohne strukturelle Änderungen weder allen Einkommensklassen noch in allen Lebensbereichen möglich. Wo ist der komplett fair produzierte Laptop, wenn ihn wer kaufen möchte? Daneben verweist die liberale Erzählung auf eine Form der Entwicklungshilfe, die die imperialen Strukturen oft verstärkt oder erst schafft und die Erzählung von *Rückständigkeit* fortsetzt.

Neben der Idee von Natur und Menschen im Globalen Süden als dem und den *Anderen* lebt die imperiale Lebensweise auch von Machtkonstrukten im Globalen Norden selbst. Sich mit einem viel zu breiten SUV durch die engen Straßen europäischer Großstadtviertel zu zwängen erscheint nur deshalb nicht allen auf Anhieb absurd, weil die Ideen von Wettbewerb und einer bestimmten Art der Männlichkeit nach wie vor und trotz Klimakrise nach Statussymbolen und raumgreifendem Dominanzgebaren verlangen. Wie tief die materiellen und narrativen Strukturen mit der imperialen Lebensweise verflochten sind, zeigt ein beispielhafter Blick auf zwei Lebensbereiche.

Zum einen auf den Lebensmittelsektor, für 40 Prozent der Treibhausgasemissionen verantwortlich.[51] Im Zuge der kapitalistischen Landnahme wurde die Landwirtschaft zunehmend industrialisiert, sodass heute nicht mehr lokale Selbstversorgung Standard ist, sondern die reichsten drei Prozent der landwirtschaftlichen Betriebe über 52 Prozent der weltweiten Ackerflächen verfügen. Zudem machte die Entwicklung fossiler Treibstoffe den globalen Transport so billig, dass wir heute ein Steak aus argentinischem Weiderind um den Erdball fliegen lassen und »frisch« in den Supermarkt bringen. Dabei gehen im Lebensmittelsektor nur 30 Prozent der Energiekosten für die eigentliche Produktion der Lebensmittel drauf, 70 Prozent dagegen für die Verarbeitung in Form von Konservieren, Kühlen, Verpacken, Lagern, Transportieren, Zubereiten. Wir essen also Erdöl. Denn aus Erdöl, Kohle und Gas besteht, trotz Techniken der sauberen und unerschöpflichen Energiegewinnung, der weltweite Energiemix nach wie vor zu 80 Prozent.

Landwirtschaft braucht heute 50 Mal so viel Energie wie vor 60 Jahren. Vor allem für die Produktion von Fleisch, dessen Verzehr vielen als Statussymbol gilt, global aber ein Privileg Weniger ist: Im Schnitt werden weltweit pro Person im Jahr zehn Wirbeltiere geschlachtet, wobei Deutsche doppelt so viel Fleisch essen wie der globale Durchschnitt, und deutsche Männer doppelt so viel wie deutsche Frauen. Dass mehr Fleisch auf den Tellern der Männer landet, erscheint anachronistisch, doch erst 2009 startete Gruner+Jahr eine Männerzeitschrift namens *Beef!*. Und traditionelle Küchenhäuser bewerben ihre Grills auch 2018 noch mit leicht bekleideten Frauen, die dem Mann am *Ironwood 885* zuachen: »Wenn es mal wieder richtig heiß wird …« Für den Fleischverzehr verfüttern wir 40 Prozent des weltweit geernteten Getreides und große Mengen an Ölschroten wie Soja an Tiere, um diese dann zu schlachten. Die Alternative der Fütterung auf Weiden ist gegenwärtig rar und teuer. Wir machen also beispielsweise Wälder, Brachen und Feuchtgebiete in Südamerika zu Agrarland, fahren das Getreide dann als Futtermittel nach Europa, verfüttern es dort an Schweine, die wir schlachten und abgepackt nach China schicken. Mit den Kalorien, die bei der Umwandlung von pflanzlichen in tierische Nahrungsmittel verloren gehen, könnten wir 3,5 Milliarden Menschen ernähren – 800 Millionen Menschen hungern aktuell.

Auf der Abnehmerseite der imperialen Ernährungsweise stehen im Globalen Norden Supermarktketten in Konkurrenz auf einem übersättigten Markt, auf den sie im Schnitt jedes Jahr 12.000 neue Produkte werfen. In Deutschland ist dieser Markt zu 90 Prozent von den Ketten Edeka, Rewe, Aldi, Lidl und Metro beherrscht. Damit große Ketten neue Abnehmer*innen finden, liberalisieren Regierungen den Handel und die Investitionsmöglichkeiten und ermöglichen so die Übernahme von kleinen lokalen, mit den Konsumgewohnheiten der Menschen vertrauten Ketten im Ausland. Auch nichtlandwirtschaftliche Akteure wie Staaten und Banken entdecken die Agrarbranche als Anlageobjekt. Imperial ist die Ernährungsweise schließlich auch durch die Arbeitsweise, vor allem durch die niedrigen Löhne, die möglich sind, wenn Nahrungsmittelunternehmen Nordseekrabben zum Pulen nach Marokko und zurück fahren dürfen.

Die Kosten dieser Ernährungsweise für Menschen und Natur sind vielen bekannt, Medien, Politik, Werbung und Kochshows vermitteln den Eindruck, die Ernährungsweise würde in großem Umfang regionaler, ökologischer, sozial verträglicher, vegetarischer und veganer. Tatsächlich machen Bioprodukte in der Bundesrepublik fünf Prozent der Nahrungsmittel aus, vegan ernährt sich ein Prozent der Menschen, und sozial verträglich hergestellt sind unter ein Prozent der Lebensmittel.[52] Der Eindruck des Wandels aber und die Aufforderungen zum bewussten Konsum an uns als Individuen entlassen Regierungen, Unternehmen und Gesellschaft aus der Verantwortung, kollektiv und politisch Konzepte und Strukturen für eine gute Ernährungsweise für alle zu entwickeln.

Dass die individualisierende Perspektive keinen Ausweg aufzeigt, sondern es auf kollektiv und staatlich zu schaffende Strukturänderungen sowie andere Denkmuster ankommt, wird auch im anderen großen Bereich der imperialen Lebensweise ersichtlich: der Mobilität. Mobilität ist eine exklusive Angelegenheit. 10 Prozent der Weltbevölkerung sind für 80 Prozent der zurückgelegten motorisierten Passagier-Kilometer verantwortlich. Rund 5 Prozent der Weltbevölkerung saßen zu Beginn des 21. Jahrhunderts schon mal in einem Flugzeug.[53] Und während Menschen mit europäischen Pässen im Jahr 2010 die visumfreie Einreise in durchschnittlich 62 Länder erlaubt war, war dies Menschen vom afrikanischen Kontinent für durchschnittlich 15 Länder möglich. Auch innerhalb der Bundesrepublik ist Mobilität nicht allen in gleichem Maße möglich, jede fünfte Person kann sich einen einwöchigen Urlaub im Jahr außerhalb von zu Hause nicht leisten.

Die Klimaauswirkungen der Mobilität stammen in der Bundesrepublik zu 6 Prozent aus öffentlichem Verkehr wie Bus und Bahn. Zu 91 Prozent aus Autofahren und Fliegen, in gleichen Anteilen. Dass Fliegen heute verhältnismäßig günstig ist und 24 Millionen Menschen im Jahr 2012 innerhalb Deutschlands flogen, liegt vor allem daran, dass der deutsche Staat den Flugverkehr mit rund 10 Milliarden Euro im Jahr subventioniert, indem sie unter anderem auf die Besteuerung von Kerosin verzichtet, bei internationalen Flügen auf die Mehrwertsteuer und bei Flughäfen auf die Grundsteuer.

Vielfliegen hat neben diesen materiellen Gründen aber eben auch erzählerische Komponenten: Es ist in vielen Milieus Lifestyle und Statussymbol. Für die kosmopolitisch interessierte Touristin, für die Geschäftsfrau, vor allem aber für den männlichen »modernen Nomaden«. Er »hat seine Frau und Kinder in Frankreich und skypt, während er auf den Flug nach New York wartet, mit Bangkok«.[54] Frauen stehen in der Tendenz oft am Ende der Flugroute, als Nannys, Ehefrauen, Mütter, Sexarbeiterinnen, Geliebte, Hotelpersonal. »Wer die Welt kennenlernen und am globalen Austausch teilnehmen möchte, kommt um das Fliegen nicht herum«, sagt der Vorstand der Heinrich-Böll-Stiftung in einer mit Airbus herausgegebenen Broschüre. Um eine Kritik am Fliegen, vor allem am Vielfliegen, in Form von Kampagnen gegen Bonusmeilen, *Adbusting* oder Terminalbesetzungen machen selbst Umweltschutzorganisationen einen Bogen, auch wenn ein Flug von Berlin nach Griechenland und zurück pro Person vier Quadratmeter Arktiseis schmelzen lässt.

Ebenfalls nur über materielle Privilegierungen und neoliberale Denkstrukturen möglich sind privater PKW-Verkehr und Statuskonsum durch Autobesitz – insbesondere durch Männer und Deutsche. In der Bundesrepublik gibt es mehr Autos als in allen Ländern des afrikanischen Kontinents zusammen. Auch weil deutsche Regierungen Autoverkehr durch Pendlerpauschale, Abwrackprämie und E-Auto-Zuschuss fördern, weil sie Einkaufszentren am Ortsrand genehmigen, weil sie Immobilienunternehmen zum Tiefgaragenbau zwingen und damit Bewohner*innen mit PKW anziehen. Und weil sie Nachtzüge und Nahverkehrshalte abschaffen – in den USA trieb vor allem General Motors den Abbau des öffentlichen Nahverkehrs voran.

Dabei schadet der Autoverkehr nicht nur im Globalen Süden: Weltweit stirbt alle 25 Sekunden ein Mensch im Straßenverkehr – mehrheitlich nicht Autoinsass*innen. Darüber hinaus sterben rund 467.000 Menschen in Europa jährlich frühzeitig an der auch durch Autos erzeugten Luftverschmutzung wie Feinstaub.[55] Sehr viel mehr Menschen leiden unter verkehrsbedingtem Stau, Lärm, Rastlosigkeit, Stress und dem Druck, mobil sein zu müssen. Vor allem Pendler*innen, die nicht freiwillig pendeln, erkranken häufig und können ihre Beziehungen nicht aufrechterhalten. Insgesamt betrachtet treffen die Folgen von Mobilität aber besonders Arme: In Großbritannien liegt die Feinstaubbelastung für Schwarze um 28 Prozent höher als für Weiße, unter anderem weil Flugrouten häufig über ärmeren Stadtvierteln liegen – und Luxuswohnungen selten an vielbefahrenen Hauptverkehrsadern. Auch insgesamt fallen die Naturschäden von Transport mehrheitlich nicht dort an, wo er stattfindet: Rohstoffe für Flugzeuge wie Öl und seltene Erden für Elektroantriebe kommen aus Abbaugebieten im Globalen Süden, wo auch der Müll nach der Fahrzeugverschrottung landet. Und schließlich drehen sich um das endliche Erdöl, von dem über die Hälfte des Bedarfs auf Transport entfällt, auch viele geopolitische Konflikte.

Alles in allem ist bei der imperialen Lebensweise, von der Ernährung und Mobilität hier nur zwei Beispiele sind, nicht immer eindeutig, wer Schaden und wer Profit hat. Denn globale Ausbeutungsverhältnisse überschneiden sich mit nationalen Ausbeutungsverhältnissen, und auch im Globalen Süden breiten sich in urbanen Mittel- und Oberklassen imperiale Lebensweisen aus. Grundsätzlich leben auch Arme im Globalen Norden auf Kosten des Südens, manche Haushalte können sich überhaupt nur am Leben halten, weil es Billigprodukte aus dem Süden gibt. Wer wenig Geld hat, verbraucht aber auch weniger, hat also weniger an der Ausbeutung teil. Manche reiche Haushalte kaufen zwar mal hochwertige, langlebige Produkte und Fairtrade-Güter, leisten sich aber dafür ein Auto oder zwei und erneuern ihre technischen High-End-Geräte öfter als jemand, der seinem Kind nicht genügend gesundes Essen mit in die Schule geben kann. Gerade wenn Wohlhabende sich über Status und Milieu definieren, stehen sie in Sachen Konsum und Lebensstil unter Anpassungsdruck. Sie wollen technisch und stilistisch auf dem neuesten Stand sein, in hohem Maße geschlechterkonform, einen kosmopolitischen Lifestyle pflegen, das alles in Abgleich mit ökonomischen Eliten an anderen Orten der Welt. Beim Business-Smalltalk zu wissen, was das technisch erstaunlichste Tool der neuen Smartphone-Reihe und wann das beste Reisewetter für New York ist, kann Status und Karriere beeinflussen. Einige Geringverdienende leisten sich klimaschädliche All-inclusive-Fernreisen, im Schnitt fliegen Angehörige der niedrigsten Einkommensgruppe in Deutschland aber nur 0,6 Mal pro Jahr, Angehörige der höchsten Gruppe 6,6 Mal.[56] Einen überproportionalen Ressourcenverbrauch hat also vor allem die Mittel- und Oberschicht im Globalen Norden, bei der der Konsum über die Bedürfnisbefriedigung hinausgeht und zu Statuskonsum wird.

Für all das beinhaltet die neoliberale Erzählung mit ihrem individualisierenden Fingerzeig auf bewussten Konsum und Wohltätigkeit sowie mit ihrer konkreten heutigen Form der Entwicklungszusammenarbeit nicht nur keinen Ausweg aus Zerstörung, Klimakrise und Toten. Sie *kann* keinen beinhalten, weil ihr Dogma *Wachstum* immer eine Landnahme im Außen braucht. Deswegen verfügt sie nicht mal jetzt über zukunftsweisende Großprojekte, da so viele Menschen wie nie zuvor aus der sie bedrängenden Gegenwart fliehen. Und da eine andere Gruppe von Menschen sich so stark wie seit Jahrzehnten nicht mehr von der liberalen Demokratie ab- und der extremen Rechten zuwendet und den ökonomischen Eliten selbst mit EU-Austritt und Handelskriegen bedrohlich wird. Doch selbst in dieser sie betreffenden Krise setzt die neoliberale wie die rechte Erzählung auf Abschottung. Im Mittelmeer und in der Wüste Menschen sterben zu lassen ändert allerdings nichts an den Strukturen der imperialen Lebensweise, an fehlenden Lebensgrundlagen, Naturkatastrophen, weiterer Flucht, weiteren Toten. Für die Dauerkrise von Menschen und Natur im Globalen Süden liefert die neoliberale Erzählung keine Lösung.

Kann ein Entwurf einer die Natur und die Menschen schonenden Lebensweise – wenn schon nicht zur Abwehr weiterer Toter im Globalen Süden – so wenigstens aufgrund der alle betreffenden Klimakrise verfangen? Diese dürfte schließlich an keiner Grenze haltmachen und auch die Privilegierten im Globalen Norden treffen. Teilen die Menschen im Globalen Norden den Befund der Bedrohung durch das Klima, und ist er in den bestehenden Erzählungen enthalten?

2018 rief der Weltklimarat »Das Ende der Welt, wie wir sie kennen« aus und forderte ein sofortiges Zurückfahren der CO_2-Emissionen. Doch die deutsche Bundesregierung, die sich zu diesem Zeitpunkt gerade in Verhandlungen mit der Automobilindustrie befand, entschied, den Verkauf von Dieselautos zu sichern statt Natur und Menschen. Auch in den täglichen politischen Debatten der Bundesrepublik kommt die Klimakrise selten vor: Von 143 Ausstrahlungen der ARD- und ZDF-Polit-Talksendungen im Jahr 2016 war an zwei Sendeterminen die Abgasmanipulation bei Dieselautos Thema, an einem weiteren der Klimawandel.[57] Selbst die Klimakrise als Folge der imperialen Lebensweise ist also im politischen Diskurs nicht ernsthaft präsent. Warum?

»Wir denken oft, wir säßen alle im berühmten ›selben Boot‹«, sagt Klima-Aktivist Tadzio Müller. »Das ist leider falsch.«[58] Sofern sich nichts ändert, wird Bangladesch – anders als die Niederlande, die sich schwimmende Städte bauen können – in wenigen Jahren zu einem Fünftel unter Wasser liegen. Das Militär dort bereitet sich schon jetzt auf Unruhen durch 25 Millionen fliehende Menschen vor.[59] Das passende Bild für die Klimakrise ist deshalb nicht, so Müller, ein Eisbär auf einer Scholle, sondern das Bild von Schwarzen auf den Dächern von New Orleans beim Hurrikan Katrina. Denn sie besaßen kein eigenes Auto, mit dem sie wie viele Weiße oder Reiche rechtzeitig vor dem Sturm die Stadt hätten verlassen können. Sie verloren entweder ihre Häuser, die den Fluten nicht standhielten, oder mussten sie nach den Schäden durch den Schlamm wieder bewohnbar machen, wie David Simon in seiner TV-Serie *Treme* über den gleichnamigen Stadtteil in New Orleans nachzeichnet. Für Klima*gerechtigkeit* tritt deshalb eine junge Öko-Bewegung im Globalen Norden ein, die sich indigenen Aktivist*innen weltweit verbunden sieht. Diese fordern von der internationalen Gemeinschaft Energiegewinnung aus sicheren, sauberen und sich erneuernden Energien wie Wind, Sonne und Wasser. Sie bestehen darauf, ihre Länder, Wälder, Böden, Gewässer selbst zu kontrollieren und weiter kleinbäuerlich und nachhaltig zu bewirtschaften und verlangen vom Globalen Norden Konsumreduzierung und Reparationszahlungen für die Schäden infolge der Klimakrise.[60] Doch das Pariser Klimaabkommen 2015 schloss Reparationszahlungen explizit aus und sprach von Klimagerechtigkeit nur in Anführungszeichen. Die Unterzeichner*innen des Abkommens scheinen wie viele im Globalen Norden vom Eindruck geprägt, die Klimakrise sei nicht drängend.

Das liegt nicht nur daran, dass die Folgen momentan in erster Linie Menschen im Globalen Süden tragen, erklärt der indische Autor Amitav Ghosh. Sondern auch daran, dass viele Menschen im Norden wie im Süden den Eintritt von klimatisch bedingten Extremwetterereignissen für unwahrscheinlich halten. Außergewöhnliche Ereignisse wie Extremwetter aber müssten wir, um uns ihren Eintritt vorstellen zu können, selbst gespürt, erlebt oder erfahren haben. In seinem Buch *Die große Verblendung. Der Klimawandel als das Undenkbare* (2017) zeigt der sonst Romane schreibende Amitav Ghosh, dass und warum der Klimawandel so gut wie nie in fiktiven Geschichten des Westens vorkommt – natürlich mit Ausnahmen wie Margaret Atwood und Dave Eggers –, und warum der Befund der Klimakrise es in der politischen Debatte schwer hat.

Für Ghosh selbst waren außergewöhnliche Naturereignisse seit Langem ein Thema. Warum? Ghosh erzählt in seinem Buch, wie er als Kind mit seinen Eltern den Ort suchte, an dem sich das Dorf seiner Vorfahren befand. Als sie hinkamen, sah er aber kein Dorf, sondern einen Fluss, und erfuhr: Das Dorf war überschwemmt worden. Ghosh stellte sich also schon als Kind vor, wie Menschen – seine Vorfahr∗innen – vor Fluten davonliefen, nach den Liebsten griffen, ihr Zuhause unter Schlamm verloren. Die Möglichkeit einer Überschwemmung konnte er von da an nicht mehr ausblenden.

Ähnlich ging es mir mit der Möglichkeit eines Reaktorunglücks: Ich erinnere mich nicht an »Tschernobyl« – 1986 war ich drei –, aber an die Ängste und Erzählungen danach, vor allem an eine: Meine ältere Schwester hatte mir in diesen Tagen zufällig die Haare geschnitten, wie bei einem Tisch mit wackelnden Beinen mal links zu viel, mal rechts zu viel. Am Ende hatte das blasse weißblonde Kind einen raspeligen Kurzhaarschnitt mit Löchern und Zacken drin. »Da sind dir auf der Straße alle ausgewichen«, erzählt sich meine Familie bis heute belustigt. »Die dachten, du seist verstrahlt.« Sicher wurde da über die Jahre etwas hinzugedichtet, das Risiko eines Reaktorunfalls aber, die gesundheitlichen, vor allem sozialen Folgen – *Menschen werden vor dir weichen* – sitzen mir qua Erzählung in den Knochen. Ob ich deshalb schon immer eine Reaktorkatastrophe für möglich hielt, obwohl ich sonst umweltpolitisch lange desinteressiert war, kann ich nicht sagen; die Folgen einer Verstrahlung aber haben sich erzählerisch in mir festgeschrieben, ich konnte nicht mehr leicht dahinter zurücktreten.

Die Erfahrung von Naturkatastrophen haben viele Menschen, vor allem im Globalen Norden, noch nicht gemacht, wenn auch einige schon selbst Überschwemmungen oder heftige Stürme erlebt haben. Wenige aber fragen sich, wie sie auf extreme Wetterereignisse reagieren werden: Was nehme ich mit, wenn ich mein Zuhause von einer Sekunde auf die andere verlassen muss? Was mache ich mit den Kindern? Wie transportiere ich meine alte Mutter?

»Der Lärm steigerte sich schnell zu einem wilden Tosen, und der Sturm begann, heftig an meiner Kleidung zu zerren«, schreibt Ghosh über einen (nicht klimawandelbedingten) Tornado in Delhi, den er erlebte. »Ich wagte einen Blick über die

Brüstung und stellte zu meinem Erstaunen fest, dass alles um mich herum in einem aufgewühlten dunklen Staubmeer versunken war. In einem fahlen Lichtstrahl, der von oben eindrang, sah ich eine unglaubliche Palette an Gegenständen vorbeistürmen – Fahrräder, Motorroller, Laternenpfähle, Wellblechstücke, sogar komplette Teebuden. Binnen einer Sekunde schien sich alle Schwerkraft in einem Spinnrad versammelt zu haben, das von einer unbekannten Macht zwischen den Fingerspitzen herumgewirbelt wurde.«[61]

Für alle, die solche außergewöhnlichen Ereignisse nicht selbst erlebt oder durch nahe Bekannte vermittelt bekommen haben, sind diese das »Undenkbare«, schreibt Ghosh. Für ein solch höchst unwahrscheinliches Phänomen hielten viele den Sturm Sandy, der 2012 New York und New Jersey traf: weggespülte Straßen, 650.000 zerstörte Häuser, 8 Millionen Menschen ohne Strom, 285 Menschen tot. »Vermutlich wurde nie zuvor so häufig das Wort *beispiellos* zur Beschreibung eines Wetterereignisses verwendet«, schreibt Ghosh. Dabei war sich die Menschheit eigentlich lange im Klaren über ihre Abhängigkeit von der Natur – Jairo Fuentes und die anderen Mitglieder von Tamaquito wissen auch heute um ihre Abhängigkeit von Wasser –, doch in den westlichen Industrienationen, so Ghosh, habe »eine Vielzahl staatlicher Maßnahmen auf der Basis von Statistiken und Wahrscheinlichkeitsrechnungen« dieses Wissen überlagert.

Dabei muss sich auch der Norden auf extreme Wetterereignisse einstellen, wie das Potsdam-Institut für Klimafolgenforschung im Rückblick auf 2017 erklärt: »Weltweit zeigt sich in diesem Jahr all das, wovor die Klimaforscher seit Langem warnen: Wegen unerträglicher Hitzewellen in Arizona konnten dieses Jahr Flugzeuge nicht mehr starten, tödliche Waldbrände in Portugal, Spanien, Kanada, Kalifornien, Brasilien, sogar Grönland, verheerende Überflutungen nach Extremregen, Bergstürze durch tauenden Permafrost ... Und Houston unter Wasser sowie verwüstete Karibikinseln durch eine nie dagewesene Hurrikansaison im Atlantik.«[62]

Neben Extremwetterereignissen muss sich der Norden auch auf mittelbare Folgen einstellen. Zum einen auf flüchtende Menschen: Die Dürre in Syrien von 2006 bis 2011 war ein »Brandbeschleuniger in der Syrienkrise« (Entwicklungsminister Gerd Müller). Und wenn die Erderhitzung weiterverläuft wie bisher, »muss wegen des Klimawandels bis 2100 jeder Fünfte seine Heimat verlassen« (*Handelsblatt* 2017). Am Persischen Golf werden in 50 Jahren »Menschen nicht mehr leben können, weil es in der meist wolkenlosen flachen Region, in der sich die Luft aufheizt, im Sommer regelmäßig über 60 Grad Celsius haben wird« (*WELT* 2017). Folge einer unveränderten Klimapolitik wären im Globalen Norden auch Krankheiten: Der Anteil von Kohlendioxid in der Luft würde am Ende des Jahrhunderts »bei 1000 ppm liegen, was die geistige Leistungsfähigkeit nach medizinischen Studien um etwa 21 Prozent senken wird«. Und falls der arktische Permafrostboden taut und das freiwerdende Gas zum Extremtemperaturanstieg führt, könnten »Beulenpest und Pocken ... aus den frostigen Gräbern ihren Weg zurück in die Bevölkerung finden« – 2016 gab es »bereits mehr als 20 Infektionen mit Milzbrand aus dem Permafrost« (*WELT* 2017).

Tatsächlich ließe sich die Klimaerhitzung auf zwei Grad beschränken, wie das Potsdam-Institut für Klimafolgenforschung berechnet: Würden wir die CO_2-Emissionen alle zehn Jahre halbieren, indem wir saubere Energiequellen im gleichen Tempo wie bisher (eine Verdopplung alle sechs Jahre) ausbauen, indem wir weniger Wälder roden, Emissionen aus der Landwirtschaft reduzieren, ab 2030 Kohle nicht mehr extrahieren und Öl ab 2040 nicht mehr, wäre mit 75 Prozent Wahrscheinlichkeit 2050 eine Null-Emission von CO_2 möglich. Es kostet also nicht die Welt, den Planeten zu retten. Es kostet uns nur die Welt, ihn nicht zu retten. Doch diese Politik halten wenige im Globalen Norden für nötig.

Ein weiterer Grund, warum viele die Folgen der Klimakrise nicht imaginieren können, ist laut Ghosh das narrative Ausblenden unserer Abhängigkeit von der Natur. »Tatsächlich wurde die Unabhängigkeit des Menschen von der Natur sogar als ein bestimmendes Merkmal von Freiheit betrachtet.«[63] Wie auch die Analyse der Care-Krise und des ihr zugrunde liegenden dichotomen Weltbilds aus »Herrschern« und »Beherrschten« zeigt, benennen die bestehenden westlichen Erzählungen die Natur nicht als Lebensgrundlage für die Menschen, sondern ordnen sie irrtümlich einer Sphäre des »Beherrschbaren« zu. Die heftiger werdenden Folgen der Klimakrise aber führen uns vor Augen, dass wir einerseits von der Natur abhängen (wir brauchen sauberes Wasser, reine Luft, gesunde Pflanzen), andererseits von anderen Menschen und ihrem Ressourcenverbrauch. Dieses Kollektive der Klimakrise aber – in Ursachen wie Folgen – sind wir nicht gewohnt zu denken, so Ghosh, und es bedroht viele, die der neoliberalen Erzählung anhängen. »Denn wenn die Idee, dass das freie Streben nach dem Eigeninteresse immer auch das Allgemeinwohl fördert, durch die globale Erwärmung infrage gestellt wird, dann werden auch die Überzeugungen fragwürdig, die der so tief verwurzelten und in den vergangenen beiden Jahrzehnten so einzigartig erfolgreichen kulturellen Identität der Anglosphäre zugrunde liegen«.[64]

Diese Perspektive von Unabhängigkeit und Einzelkämpfertum zeigt sich, so Amitav Ghosh, auch in der literarischen Erzählweise, die sich im Westen in der Moderne ausgeprägt hat, wonach »der zeitgenössische Roman sich immer radikaler auf die individuelle Psyche konzentrierte, derweil das Kollektiv (…) sowohl in der kulturellen als auch in der fiktionalen Imagination in den Hintergrund rückte«.[65] Was vom individuellen Drama einzelner Figuren abweicht, gelte vielen nicht als Literatur. So machte sich, wie Ghosh berichtet, der US-Schriftsteller John Updike lustig über den jordanischen Autor Abdalrachman Munif und seine bis heute gefeierte Kultbuch-Serie *Salzstädte* über die Umgestaltung Saudi-Arabiens von einer nomadischen Gesellschaft zum Öl-Multi: »In Anbetracht des epischen Potenzials seines Themas ist es doch bedauerlich, dass Mr. Munif offenbar (…) nicht ausreichend verwestlicht ist, um eine Erzählung hervorbringen zu können, die sich eindeutig nach dem anfühlt, was wir als Roman bezeichnen. (...) Da ist praktisch nichts von jenem Gespür für das individuelle moralische Abenteuer (...); *Salzstädte* befasst sich stattdessen mit Menschen im Ganzen.«

Menschen im Ganzen. Eine ungewöhnliche Denkweise für den westlichen Updike. Für ihn ist der mangelnde Wille, einen westlichen Stil mit einem einsamen, allein handelnden Abenteurer nachzuahmen, ein Unvermögen. Ghosh vermutet außerdem, dass für viele US-Amerikaner*innen die Geschichte des Erdöls und der Rolle, die die USA auf der Arabischen Halbinsel und am Persischen Golf gespielt haben, »eine Geschichte der Peinlichkeit (ist), die ans Unsägliche, ja, ans Pornografische grenzt«.[66]

Diese Scham über die eigene Privilegierung abzulegen, die Klimakrise denken zu lernen, unsere Abhängigkeit anzuerkennen und Menschen und Natur als Ganzes zu betrachten ist notwendige erzählerische Begleitmusik, wenn wir anfangen wollen, die Strukturen unserer imperialen Lebensweise aufzubrechen, wenn wir die Ausbeutung des Globalen Südens, die Externalisierung der Kosten und weitere Gewalt, Flucht und Tote verhindern wollen.

Ein weiteres Element dieser erzählerischen Begleitmusik ist Sprache. Denn gegenwärtig ist die Klimakrise nicht nur das Undenkbare, sondern auch das Unsagbare. Unsere etablierten Begriffe sind auch in Sachen Klima und Umwelt unzureichend, wie Elisabeth Wehling in *Politisches Framing* beschreibt: Wer »Klimaschutz« sagt, meint meist Menschenschutz.[67] Denn was mit dem Klima an sich passiert, dürfte den meisten relativ egal sein. Schützen müssten wir, so Wehling, nicht das Klima vor irgendwas, sondern uns vor dem Klima, das wir erhitzen. Ebenso ist »Klimawandel« für Menschen, die davor warnen wollen, ein eher ungeeigneter Begriff. Denn das Klima kann sich danach verbessern oder verschlechtern. Wer sich wandelt, ist außerdem selbst Akteur, denn »sich wandeln« ist reflexiv, »Eingriffe von außen oder auch nur Anstöße fehlen in diesem Frame.« Auch sind »Erderwärmung« und »Klimaerwärmung«

durch den Ausdruck »Wärme« positiv besetzt, tatsächlich aber handelt es sich bei den aktuellen und bevorstehenden Problemen um Hitze und Dürre sowie um extreme Wetterereignisse wie Hurrikane, heftigen Regen und den steigenden Meeresspiegel. »Erwärmen« tun wir uns außerdem für Ideen – wir erwärmen eher nicht die Wohnung –, was der Vorstellung eines Temperaturanstiegs eine zusätzliche positive Konnotation gibt. Geeignetere Begriffe für das, was bei unveränderter Politik bevorsteht, wären »Klimakrise«, »Erderhitzung« oder »Klimaerhitzung«. Und nicht zuletzt seien, so Wehling, auch die Energieträger Wind, Wasser und Sonne nicht »erneuerbar« in dem Sinne, dass eine Option (»-bar«) genutzt werden, also erst etwas gemacht, entschieden werden müsste.[68] Stattdessen seien sie eher »sich (ständig) erneuernde« oder »unerschöpfliche Energien«. Sie müssen sich nicht mal »regenerieren« nach einem vorangegangenen Schaden, wie die Bezeichnung »regenerative Energien« unterstellt, denn wir schaden in der Regel den Energieträgern Wind, Wasser und Sonne nicht – vielmehr erhalten wir sie, indem wir sie zur Energiegewinnung nutzen. Selbstverständlich werden unter Bedingungen der Profitlogik auch die sich erneuernden Energien wie Wasserkraft auf eine Weise gewonnen, die Natur und Menschen zerstören kann, wie im Falle von großen Staudammprojekten. An sich müssen sich Wind, Sonne und Wasser aber nach ihrer Nutzung nicht regenerieren. Und schließlich könnte der heute nicht mehr so übliche Begriff der »alternativen Energiequellen« in einer Zeit des vermeintlichen Fehlens von Alternativen wegweisend sein, »alternativ« aber sei, so Wehling, heute meist wertbefreit, danach wären Kohle, Gas und Öl genauso okay.

Die Klimakrise ist also sprachlich bislang meistens nicht treffend gefasst. Und wir können generell das Kollektive an unserer imperialen Lebensweise schwer wahrnehmen, weil unsere Vorstellung von *Menschen als Ganzes* durch die Dauer-Feedback-Schleife von *Unabhängigkeit* und *Eigenverantwortung* verkümmert ist. Die Toten in den Coltan-Minen bleiben genauso abstrakt wie die Feinstaub-Toten in den Großstädten und extreme Naturereignisse (für die, die sie noch nicht erfahren haben).

Statt über Grenzen von Schadstoffbelastungen zu reden, ab denen Menschen sterben, über die Grenze des Meeresspiegels, ab der Menschen, Felder, Dörfer und Fabriken unter Wasser liegen, über die Grenzen körperlicher Integrität, die in libyschen Foltergefängnissen eingerissen werden, reden Rechte und viele andere über imaginierte Grenzen. Darüber, wer mit welchem Pass gedachte Linien überschreiten darf, an denen keine Klimaerhitzung, Epidemie und radioaktive Strahlung haltmacht, und langfristig auch keine große Zahl von Menschen. Solange westliche Industrienationen weiter mit ihrer imperialen Lebensweise Natur und Menschen im Globalen Süden zerstören, bleiben die Aussagen »Wir müssen die Fluchtursachen bekämpfen« und »Wir müssen den Klimawandel stoppen« Floskeln. Von Floskeln wenden sich Menschen zu Recht ab, denn sie enttäuschen, sie nehmen den Sprechenden die Glaubwürdigkeit und töten jede Hoffnung auf Gestaltbarkeit unseres Zusammenlebens. Schlimmstenfalls führen Floskeln wegen ihrer inhaltlichen Leere zum Gefühl von Ohnmacht, zu Resignation, zu Wut.

Kann die Idee des *Buen Vivir* der Weltgemeinschaft und insbesondere dem Globalen Norden einen Ausweg aus dieser bedrängenden Gegenwart aufzeigen?

Die Idee des *Buen Vivir*

Ecuador, 2008. Esperanza Martinez kommt zum ersten Mal mit dem *Buen Vivir* in Kontakt und merkt, dass die Idee und der Kontakt zu den Indigenen ihr Leben verändern. Die Biologin berät damals die ecuadorianische Regierung, die ein neues Entwicklungsmodell und eine neue Verfassung für Ecuador vorsieht. Das *Buen Vivir* und die Rechte der Natur sollen darin eine große Rolle spielen. Esperanza Martinez begleitet den Prozess, wie sie mir 2017 auf der internationalen Konferenz *Buen Vivir* in München erzählt.

Die Indigenen hatten damals einen revolutionären Vorschlag zur Rettung der Natur entwickelt: »Dschungel statt Öl«. Die ecuadorianische Regierung solle staatlichen und privaten Unternehmen in bestimmten Regionen des Yasuní-Nationalparks im Osten Ecuadors das Abholzen von Regenwald und die Förderung des darunterliegenden Erdöls verbieten. Denn das Erdöl dort in der Erde und den Regenwald weiter gedeihen und CO_2 binden zu lassen würde 400 Millionen Tonnen CO_2-Emissionen verhindern. »Lasst es im Boden«, forderten deshalb damals die Indigenen, »wir wollen kein besseres Erdölgeschäft, wir wollen gar keines.«

Der sozialistische Staatschef Rafael Correa springt auf die Idee der Indigenen an: Er bietet der Weltgemeinschaft an, das Ölvorkommen im Boden zu lassen, wenn diese dafür Ausgleichszahlungen leistet. Für den Erhalt von Yasuní solle Ecuador über 13 Jahre verteilt 3,6 Milliarden Dollar erhalten, das ist in etwa die Hälfte des Geldes, das es mit dem Verkauf des Öls verdienen könnte. »Das ist ein neuer Weg in der wirtschafts- und energiepolitischen Logik. Länder, die bisher ihre Rohstoffe plünderten, etwa indem sie ihr Öl verkauften, können jetzt dafür entschädigt werden, dass sie ihr Öl nicht fördern und der Umwelt einen Dienst erweisen. Sie werden damit zu Umweltdienstleistern. Der Yasuní-Nationalpark wird zum Inbegriff der unterlassenen Umweltzerstörung«, sagt Correa.[69] Die *UNESCO* hatte ihn 1989 zum Biosphärenreservat ernannt, dort leben so viele Tierarten wie in keinem anderen Regenwald Lateinamerikas und mehr Baumarten als in Nordamerika und Kanada zusammen. Auch zwei indigene Kulturen leben dort, die Taromenane und die Tagairi. »Wir kennen sie nicht sehr gut, wir wissen aber: Sie wollen in Ruhe gelassen werden«, sagt die ecuadorianische Umweltschützerin Yolanda Karabatse. Auf den Deal »Dschungel statt Öl« lassen sich viele Staaten ein.

2008 berät auch der deutsche Bundestag darüber, Union und SPD regieren damals. Wird der Bundestag dem radikalen Projekt zum Schutz von Menschen und Natur zustimmen? Esperanza Martinez, aber auch viele Indigene und die ecuadorianische Regierung schauen auf die Entscheidung der Staatengemeinschaft und der Bundesregierung.

Martinez beginnt zu diesem Zeitpunkt schon, ihre Perspektive zu ändern. »Meine Sicht auf die Natur wurde durch die Idee des *Buen Vivir* immer vollständiger. Die Beschäftigung mit dem Erdöl spielte dabei eine große Rolle. Es ist das Blut der Erde. Das stellt die westliche Sicht auf den Kopf. Denn Respekt für die Erde sorgt dafür, dass wir uns als abhängig und als zerbrechlicher wahrnehmen.« Martinez gewinnt auch einen neuen Blick auf Pflanzen und Tiere. »Die Natur ist total reich, im Gegensatz zu uns: Es gibt eine Krabbenart, die kann bis zu zwölf Farben wahrnehmen, wir Menschen können nur drei sehen. Es gibt einen Wurm, der kann Partner aus zehn Kilometern Entfernung spüren. Und es gibt den Clownsfisch, den viele aus dem Film *Findet Nemo* kennen: Er kann im Laufe seines Lebens sein Geschlecht verändern.«

»Das will ich auch!«, entfährt es mir. Unbeabsichtigt habe ich Esperanza Martinez unterbrochen, als wir uns am Rande der Konferenz unterhalten. »Das will ich auch, einfach mal das Geschlecht wechseln: heute so, morgen so, übermorgen gar nichts davon«, sage ich und lache. Martinez lacht auch.

»Wie ging es mit ›Dschungel statt Öl‹ weiter?«, frage ich.

Martinez wird wieder ernst. Der Deutsche Bundestag stimmt 2008 dem Naturschutzprojekt zu. Das ist bahnbrechend, denn es ist eine neue Art von Entwicklungspolitik, die dazu dient, Menschen, Natur und Planeten zu erhalten.

»Doch es kam kaum Geld«, erklärt Esperanza Martinez, die internationale Staatengemeinschaft zahlte nicht genug. Auch nicht Deutschland? Dort sind, als es so weit ist, dass erste Beiträge für das Projekt eingehen müssten, nicht mehr Union und SPD, sondern Union und FDP an der Regierung. Umweltbewegte Unionsabgeordnete sprechen sich für das Projekt aus. Doch Entwicklungsminister ist jetzt Dirk Niebel von der FDP. Er will die zugesagten Beiträge nicht zahlen. Er schaffe ganz bewusst keinen Präzedenzfall, der in immer neue Forderungen münden würde, finanzielle Mittel für das Unterlassen von Umweltschädigungen bereitzustellen, sagt er.[70] Niebel versteht offenbar, dass es bei dem Projekt »Dschungel statt Öl« nicht einfach darum geht, Beiträge einzusammeln, sondern einen tiefgreifenden Veränderungsprozess anzustoßen.

2011 beugen sich die Abgeordneten der Union der Koalitionsdisziplin. Auch aus Deutschland kommt also kein Geld, das Projekt droht zu scheitern. Hinzu kommt, dass während der gesamten Laufzeit der Initiative Informationen durchgesickert sind, dass in einer Nachbarregion nach Öl gebohrt wird – was nur dann rentabel ist, wenn auch im entsprechenden Gebiet von Yasuní gefördert wird. So kamen Zweifel auf, wie ernst es die Regierung wirklich damit nimmt, das Öl nicht zu extrahieren. Schließlich erklärt Raffael Correa die Initiative für beendet und begründet das mit dem wenigen eingegangenen Geld.

Die Idee der Indigenen ist gescheitert. Das passt zur grundsätzlichen Politik der sozialistischen Regierungen, die das Konzept des *Buen Vivir* wenige Jahre nach der Einführung wieder ausgehöhlt hatten. Heute verfügen in Ecuador zwei Unternehmen über den Ölmarkt, drei Eigentümer*innen über 91 Prozent des Zuckermarktes, *ein* Konzern über 62 Prozent des Fleischmarktes sowie die staatliche Brauerei und Coca-Cola Ecuador über 71 Prozent des Getränkemarktes.[71] Im Dschungel von Yasuní begannen 2016 die Bohrungen. Ist damit die Idee »Lasst es im Boden« tot?

Im Mai des gleichen Jahres, 2016, setzen sich Aktivist*innen im Lausitzer Braunkohlerevier auf Schienen, Bagger, Förderbänder. Auf einem ihrer Banner steht: »Lasst es im Boden.« Sie demonstrieren dafür, Kraftwerk und Tagebau schnell und sozialverträglich zu schließen. Die 3500 Demonstrierenden sehen sich als Teil einer globalen Bewegung gegen fossile Infrastrukturen, stammen aus Anti-Kohle- und Anti-Atomkraft-Bewegungen. Attac, Grüne Jugend, Linksjugend und Interventionistische Linke unterstützen die Aktion – und Anhänger*innen des Yasuní-Projekts.

Grundlegende Ideen des *Buen Vivir* in einem internationalen Vertrag zu verankern ist also zwar gescheitert, doch gibt es auch im Globalen Norden Menschen, die sie weitertragen – nicht auf Regierungsebene, sondern außerparlamentarisch. Sind die Lebensweise und die Philosophie der Indigenen aber auf den Globalen Norden übertragbar?

Das sind sie nicht. So das Urteil von Alberto Acosta auf der Konferenz in München. Er arbeitete damals wie Martinez für die ecuadorianische Regierung, er war 2007 Correas Energieminister und für die Verankerung der Idee der Indigenen zuständig. »Die Menschen in den westlichen Industrienationen können nicht im Dschungel leben«, sagt Acosta. Sie sollen das Konzept des *Buen Vivir* auch nicht idealisieren.

Sie können aber, so Acosta, einige Prinzipien übernehmen, vor allem drei. Zum einen die Verbundenheit mit der Natur. So wie die Menschen in Peru und Ecuador beschlossen, das Wasser nicht privatisieren zu wollen, könnten auch Menschen im Norden die Privatisierung von natürlichen Ressourcen verhindern. Beim »Berliner Wassertisch« geschah genau das, sagt er. 1999 hatte eine kleine Gruppe von Berliner*innen herausgefunden, dass 50 Prozent der Anteile der Berliner Wasserwerke als Public Private Partnership an Veolia und RWE verkauft worden waren. Nachdem sie ein Referendum erstritten hatten, sodass sie den für geheim erklärten Vertrag einsehen durften, war der Druck auf die Berliner Regierung so groß, dass sie die Anteile zurückkaufte und die Wasserversorgung wieder vergemeinschaftete. Der Globale Norden könne außerdem, so Acosta, die Idee des Gemeinsinns vom *Buen Vivir* übernehmen, von Kooperation statt Konkurrenz, Suffizienz statt Effizienz, Genügsamkeit statt Wachstum. Drittens könnte der Norden eine Art Spiritualität übernehmen, die vor allem darin besteht, ein harmonisches Leben zu lehren – zum Beispiel in der Schule –, statt Menschen als Zentrum der Welt zu begreifen und die Beziehung zwischen ihnen und der Natur weiter als Marktbeziehung zu verstehen.

Passiert das tatsächlich irgendwo, jenseits von Eine-Welt-Läden und Baumhäusern im Hambacher Forst? Verfangen die von Acosta genannten Grundsätze des *Buen Vivir* irgendwo im Globalen Norden? Und können sie bei so vielen Menschen verfangen, dass sie einen Ausweg aus der Dauerkrise von Natur und Menschen im Globalen Süden aufzeigen? Einen Ausweg, den die Aufforderungen zu Spenden und bewusstem Konsum nicht liefern?

Wenige beziehen sich explizit auf das *Buen Vivir*: ein paar soziale Initiativen, kirchliche und kulturelle Einrichtungen, linke politische Stiftungen mit den erwähnten Veranstaltungen zum Thema. Nicht explizit, wenngleich im Sinne des *Buen Vivir* aber handeln viele Menschen im Globalen Norden. Vor allem in den Bereichen Landwirtschaft und Ernährung, Konsumgewohnheiten, Energie und Technologie erproben einige Menschen und Bewegungen andere, neue, weniger imperiale Lebensweisen und pflegen Naturverbundenheit, Gemeinsinn und eine Lebensweise, die die Abhängigkeit des Menschen anerkennt. Oft tun sie das aber ohne Label, oder unter einem anderen als *Buen Vivir*.

Eines dieser anderen Labels ist die *Solidarische Ökonomie*. Die Idee stammt ebenfalls aus Lateinamerika, aus Brasilien, wo Arme sich insolvente Betriebe aneigneten und Gemeinschaftsunternehmen daraus machten. Im Globalen Norden übernahmen Menschen die Idee und gründeten Landwirtschaftskooperativen: Ein Betrieb oder eine Gärtnerei schließt sich mit privaten Haushalten zu einer Wirtschaftsgemeinschaft zusammen. Sie schätzen im Voraus, wie viel sie erzeugen werden, die Haushalte zahlen auch im Voraus und ermöglichen so den Landwirt*innen, zu guten Bedingungen für sich selbst und die Natur zu wirtschaften, den Boden vor allem fruchtbar zu halten statt abhängig vom Markt zu wirtschaften. Dieses Verhalten schafft andere materielle Grundlagen und prägt das Denken. Denn dadurch, dass die Mitglieder Gemüse, Obst oder weiterverarbeitete Produkte wie Käse oder Brot direkt beziehen, erleben sie, wie ihre Ernährungsentscheidung sich auf Natur, Kulturlandschaft und Arbeitsbedingungen auswirkt und eine nachhaltige Landwirtschaft ermöglicht.

Ähnlich ändert auch die seit einigen Jahren populär gewordene Bewegung der urbanen Gemeinschaftsgärten das Erleben von Natur, Versorgung und Gemeinschaft. So vernetzen sich einige Urban-Gardening-Projekte international, unterstützen Kleinbäuer*innen und Landlose und stellen politische Forderungen nach einer globalen »Ernährungssouveränität«, wie es auch die großen Demonstrationen gegen die industrialisierte Landwirtschaft mit dem Motto »Wir haben es satt« tun. Nicht nur bei den urbanen Gärtner*innen selbst – in München ohne Schrebergärten 50.000 Menschen –, auch bei Unbeteiligten ändert sich so der Blick auf Versorgung und Natur: Die Gärten im urbanen Raum irritieren und machen Menschen ökologisch sensibel. Sie sehen, dass das, was sie nährt, nicht sie selbst sind, sondern die Natur und die Arbeit Anderer, wie Urban-Gardening-Expertin und Autorin Christa Müller erklärt – was im neoliberalen Paradigma überhaupt nicht vorkommt. Die häufig geäußerte Kritik, mit urbanen Gärten lasse sich nicht die ganze Welt ernähren, ist – unabhängig davon, ob das stimmt, ein Teil jedenfalls ließe sich so ernähren – als Einwand an sich interessant. Denn der Einwand übernimmt schon eine neue Denkweise: Es geht darum, die Menschen zu versorgen, nicht darum, Land zu verwerten oder den Menschen noch mehr Produkte anzudrehen.[72]

Eine souveräne, global verantwortliche Ernährung wollen auch die in Deutschland seit 2014 entstehenden »Ernährungsräte«, die von Verbraucherinnen, Landwirten und Ernährungswissenschaftlerinnen ins Leben gerufen werden. Sie wollen »die lokale Lebensmittelversorgung optimieren und einen Baustein zur Gesamtlösung beitragen«, sie fördern urbane und regionale Landwirtschaft sowie Gemeinschaftsküchen und Hilfen für ökonomisch Benachteiligte. Im deutschsprachigen Raum gibt es mittlerweile 13 Ernährungsräte, ein weiteres Dutzend gründet sich gerade, in Nordamerika sind es rund 300.

Im Sinne einer *Solidarischen Ökonomie* versuchen noch viele weitere Projekte zu leben und zu wirtschaften: Repair Cafés, faire Läden, selbstverwaltete Betriebe, Kitas, Geburtshäuser, Kulturzenten, freie Radios, Kneipenkollektive und Wohnprojekte sowie progressive Genossenschaften und die weltweit 4000 möglichst nachhaltig wirtschaftenden *Transition Towns*.

Auch die wachsende *Commons*-Bewegung versteht sich als ökonomisch solidarisch, ihre Anhänger*innen schaffen und pflegen Produkte und Ressourcen zusammen. Oft geschieht das im Bereich Wissen und Technologie, wie bei freier Software oder Wikipedia – was in Fragen der Erzählung nicht unerheblich ist, denn in frei zugänglichen Enzyklopädien können wir alle mitlesen und mitschreiben und uns so am Erzählen und am Faktencheck der Erzählungen Anderer beteiligen. Vor allem teilen *Commons*-Vertreter*innen auch materiell bedeutsame Techniken und Know-how: Beim Projekt *Open Source Ecology* wurden 50 industrielle Maschinen entwickelt, die ein Dorf braucht, damit die Bewohner*innen relativ autark und gut leben können.[73] Gemeinsames Nutzen, Besitzen und Teilen strahlt auf Unbeteiligte aus, wie mir eine Studentin aus Augsburg erzählt, die Foodsharing macht, also übriggebliebenes Essen verteilt: Wenn sie sich über die Sharing-Plattform dafür anmeldet, dass sie Semmeln vom Bäcker abholt, erkundigt sie sich vorab in WG, Nachbarschaft, Freundeskreis und Familie, wer was braucht. Sie regt außerdem an, an dem Tag möglichst keine Backwaren anderswo zu kaufen. Mit einigen Nachbarn wäre sie nie ins Gespräch gekommen, wenn sie nicht öfter mit belegten Brötchen vor der Tür gestanden hätte. Auch sie selbst kam nur zum Foodsharing, weil eine Kommilitonin sie und ein Dutzend andere zum Abendessen einlud, da sie 20 Pizzen aus dem Bio-Supermarkt übrig hatte. Eine andere Studentin und sie versorgen sich heute häufiger gegenseitig mit Foodsharing-Brotzeiten, anstatt in die Mensa zu gehen. Aus der ökologischen Idee, Lebensmittel vor dem Wegwerfen zu bewahren, wird so eine soziale Erfahrung: Menschen erkundigen sich nach dem Bedarf anderer, planen und kochen für mehr als sich selbst.

In einem etwas größeren Rahmen lässt sich die *Solidarische Ökonomie* auch mit dem Konzept der *Gemeinwohl-Ökonomie* umsetzen. Danach lassen sich Unternehmen oder Gemeinden »gemeinwohlbilanzieren«: Sie prüfen, ob sie ökologisch, transparent, gerecht und mitbestimmungsoffen sind. Diese Kriterien fehlen in den bislang üblichen Bilanzen, die den Wert von Einrichtungen und Unternehmen vor allem am ausgewiesenen Gewinn festmachen – unabhängig davon, ob sie nachhaltig wirtschaften oder Steuerbeiträge verweigern. 250 Einrichtungen, Organisationen und Unternehmen, wie die Sparda-Bank München, die Diakonie Deutschland, Bioland, die *taz*, Greenpeace und der Bergsportausstatter Vaude haben sich gemeinwohlbilanzieren lassen. Universitäten in Barcelona und Valencia haben Lehrstühle zu diesem Thema, und das österreichische Bildungsministerium will das Konzept an Schulen lehren lassen.

Auch die in Europa seit den Nullerjahren entstehende Bewegung der *Pluralen Ökonomik* steht der Idee der *Solidarischen Ökonomie* nahe: Studierende und Lehrende der Wirtschaftswissenschaften setzen sich für Lehrpläne mit vielfältigeren Ideen von Wirtschaftsarten und -denkweisen als der fast ausschließlich gelehrten neoklassischen Idee von Wachstum und Wettbewerb ein. Sie arbeiten selbst an Konzepten, zum Beispiel dazu, wie schrumpfende Wirtschaftszweige funktionieren können.[74] Und sie wollen mehr »reflexive« Lehrveranstaltungen zur Geschichte des ökonomischen Denkens, zu Wirtschaftsethik und Wissenschaftstheorie, die momentan nur ein Prozent des Lehrplans ausmachen, aber vermitteln könnten, dass »erst in den 1950er Jahren Wirtschaftswachstum an sich zur politischen Priorität wurde«.[75]

Schließlich übernehmen seit einigen Jahren auch Teile der Umweltbewegung Ideen des *Buen Vivir*, wie sie bei der Baggerbesetzung in der Lausitz, ähnlichen Protesten in anderen Kohletagebauten oder im Hambacher Forst sichtbar wird. Setzte sich die frühe Umweltbewegung noch für klassischen Natur- und Artenschutz ein sowie später für eine atomkraftfreie Welt, haben heute große Teile eine globale Perspektive und kritisieren die bestehende Wirtschaftsweise. Sie demonstrieren gegen Freihandelszonen wie TTIP und CETA, sind wie die Jugendgruppen des BUND Mitgründer von attac oder nehmen wie

Greenpeace 2017 Wachstumskritik in ihr Leitbild auf. Vor allem der Jugendumweltbewegung geht es seit Anfang der Nullerjahre auch um nachhaltiges Leben: Vegetarisch oder vegan zu leben, wenig zu konsumieren, Kleider zu tauschen und Sachen zu reparieren ist für viele identitätsstiftend. Teile der Bewegung halten einen großen sozialen und ökologischen Umbau für nötig.[76]

Nicht jeder Vogelschützer und jede AKW-Gegnerin der sechs Millionen Mitglieder der großen Umweltverbände Greenpeace, NABU, BUND, Umwelthilfe und Naturfreunde sowie der weiteren 9000 Umweltschutzorganisationen in Deutschland hält Wirtschaftswachstum für falsch. Vielen wird aber, auch mit der Migrationsbewegung der letzten Jahre, bewusster, dass es bei der Klimakrise um Klimagerechtigkeit geht, sie deklamieren deshalb einen »System Change, not Climate Change«. 50.000 Menschen protestierten 2018 für den Erhalt des Hambacher Forstes, der dem von RWE betriebenen größten Tagebau im Rheinländischen Braunkohlerevier weichen sollte. Ökos, Linke, Radikale und Bürgerliche schlossen sich zusammen und wollten den 12.000 Jahre alten Urwald schützen, wollten also Dschungel statt Kohle. Vielleicht kamen auch deshalb so unerwartet viele Menschen zusammen, weil hier, anders als bei Protesten gegen etwas, für etwas demonstriert wurde, für den Wald. Zwar ging es faktisch auch gegen RWE, aber dies unter dem Slogan »Hambi bleibt«.

»Hambi bleibt« unterstützten natürlich nicht alle. Vor allem nicht die Mitarbeiter*innen von RWE, die Sorge haben, dass sie sonst keine Arbeit finden. Dabei würde bei Schließung eines Bergbaus die Arbeit zunächst für Jahre in einen Sanierungsbergbau übergehen, für den die Unternehmen – ähnlich dem AKW-Rückbau – Rückstellungen gebildet haben.[77] Gesetzlich regelbar wäre außerdem, dass die Betreiber des klimaerhitzenden Kohleabbaus wie RWE zur Bereitstellung von Umschulungen, Abfindungen und Übergangsgeldern verpflichtet werden. Anders als es die Industriegewerkschaft Bergbau, Chemie, Energie in diesem Fall tut, führen und führten viele Gewerkschaften klassischer Industriearbeiter*innen gegenwärtig und historisch durchaus immer wieder Auseinandersetzungen *für* eine ökologisch vertretbare Arbeitsweise.

Zwar mussten sich Arbeiterbewegungen im 19. Jahrhundert noch nicht über planetarische Grenzen sorgen, spätestens seit der Analyse *Die Grenzen des Wachstums* des Club of Rome Anfang der 70er Jahre aber fordern Arbeiter*innen immer wieder ein Recht auf ökologisch und sozial sinnvolle Arbeit. In den 60er und 70er Jahren verweigerten Baugewerkschafter*innen in Australien den Bau von Anlagen in Parks und Naturschutzgebieten sowie von Stadtautobahnen und schützten so den Botanischen Garten von Sydney. In den USA führte zur gleichen Zeit eine Koalition aus Schwerindustrie- und Landarbeitergewerkschaften mit Umweltorganisationen zu wichtigen Umweltvorschriften wie dem Clean Air Act (1970) und dem Clean Water Act (1972). In den 90er Jahren erstarkte dort der »Social Movement Unionism«, wonach Mitglieder einer Gewerkschaft sich zu einem Engagement im Stadtteil sowie zu internationaler Solidarität verpflichteten. Auch die Mitglieder der französischen *Sud*-Gewerkschaften, was für »solidarisch«, »unitaire«, also einheitlich, und »demokratisch« steht, betrachten sich als für den Nutzen ihrer Arbeit verantwortlich, und zwar den Nutzen für eine größtmögliche Zahl an Menschen, gerade auch für arme und bedürftige, nicht lediglich für den Nutzen der Kundschaft. Gegenwärtig führen Gewerkschaften in Großbritannien die Kampagne »One Million Climate Jobs« an, die nach Jobs im öffentlichen Nahverkehr und im Sektor der sich erneuernden Energien verlangt.[78] Und im Hafen der französischen Stadt Saint-Nazaire initiierten im November 2018 »Gelbwesten«, die eine Werft blockierten, eine Bürgerversammlung, um »ökologische, menschliche und soziale Probleme« zu diskutieren. »Unser Ziel ist nicht zu zerstören, sondern aufzubauen, eine menschliche Welt für uns und unsere kommenden Generationen. ... Die Lösung ist in uns selbst, Arbeitern, Erwerbslosen, Rentnern jeder Herkunft und Hautfarbe.«[79] Gerade auch in Industrien, die die Klimakrise befördern, haben also einige Menschen, obwohl ihnen die Unternehmensleitung vermutlich anderes predigt, ein lebendiges Interesse daran, ökologisch und sozial sinnvoll zu arbeiten.

Umweltbewegte, am Gemeinwohl interessierte, solidarische Landwirtschaften und nachhaltige Betriebe teilen also mit ihrem Ziel einer guten Lebensweise für alle und der Anerkennung der Natur als Lebensgrundlage die Grundidee des *Buen Vivir*. Teile der ökologischen Zivilgesellschaft im Globalen Norden fühlen sich auch explizit mit Protesten und Initiativen für Dschungel statt Öl, Natur statt Staudamm, vielfältigen Ackerbau statt Soja-Monokulturen verbunden.

Sehr viele Ideen des *Buen Vivir* finden sich außerdem im Konzept von *Postwachstum* oder *Degrowth* wieder, wie Alberto Acosta und Ulrich Brand im Buch *Radikale Alternativen* (2017) beschreiben. Die *Degrowth*-Bewegung zieht Schlüsse aus der Analyse, dass die Wirtschaft auf einem endlichen Planeten nicht ewig wachsen kann: Der Globale Norden muss vor allem genügsamer leben, weniger und anders konsumieren und produzieren. Dabei bezieht sich »weniger« nicht auf alle Wirtschaftsbereiche, sondern vor allem auf fossile Industrien, Militär, Rüstung, Werbung, individuellen Autoverkehr und Vielfliegen. Insbesondere müsste die Produktion solcher Güter eingeschränkt werden, die weit über den Bedarf, vor allem aber über die künstlich erzeugte Nachfrage hinausgehen – wie ein Drittel der weltweit produzierten Kleidung, die weder verkauft noch sonst jemandem zum Anziehen zur Verfügung gestellt und teilweise vernichtet wird. H&M verbrennt, wie Medien nachweisen konnten, seit 2013 jedes Jahr durchschnittlich zwölf Tonnen neuwertiger Kleidung.[80] *Degrowth* bedeutet also für einige Bereiche weniger, für andere hingegen mehr: mehr Kreislaufwirtschaften, mehr Sharing von Wissen und Bohrmaschinen, mehr *Commons*; mehr solidarische Ökonomie, mehr regionale Wirtschaft, mehr öffentliche oder gemeinschaftliche Infrastrukturen wie öffentlichen Nahverkehr; mehr dezentrale Energiegewinnung, vor allem solche aus sauberen Energiequellen. Mehr Zeit für Sorgearbeit, Muße, Bildung.

Selbstverständlich dürften von strukturellen Änderungen nicht diejenigen unter uns getroffen werden, deren Konsum ohnehin nur darin besteht, den Bedarf zu erfüllen, zu heizen, den Strom zu bezahlen und den Kindern Essen, Schulranzen und Kinokarten zu kaufen. Vielmehr müssten diejenigen strukturell zu einer weniger imperialen Lebensweise angehalten werden, die heute viel dazu beitragen, also vor allem Unternehmen und Wohlhabende. So müssten wir Vielfliegen durch gesetzliche Maßnahmen wie hohe Besteuerung sowie durch *flight shaming* (das in Schweden gerade entsteht) unattraktiv machen, statt Vielflieger als Kosmopoliten zu feiern und ein Bonusmeilen-System zu tolerieren, das viele erst zu Wochenendtrips veranlasst. Zur Müllvermeidung müsste es andere Maßnahmen geben als Pfand auf Flaschen und Kosten für Plastiktüten, die nur diejenigen vom Gebrauch abhalten, denen 20 Cent was ausmachen. Wer allerdings schon auch individuell haushalten müsste, sind jene in der ökonomischen Mitte sowie sehr Reiche. Bei einigen von ihnen könnte die Idee von Reduktion tatsächlich anschlagen: In alternativen, aber auch in bürgerlichen und konservativen Milieus wollen viele heute maßhalten. Sie wollen Entschleunigung und Zeitwohlstand, lesen *Simplify-your-life*-Ratgeber und entrümpeln ihren Kleiderschrank lieber, als ihn zu füllen. Bei manchen trifft das auf eine schon lange bestehende, bislang aber wenig konsequente, religiös geprägte Perspektive eines maßvollen Lebens. Noch viel mehr Menschen haben darüber hinaus das Bedürfnis nach mehr Zeit als bisher für Freundschaften, Kinder, pflegebedürftige Eltern oder anderes. Sie alle könnten langfristig dem Konsum als Statussymbol die Bedeutung nehmen.

Zudem wäre eine langfristige Folge einer stark regional fokussierten Produktionsweise, dass die Nähe von Geschäftskontakten mehr Vertrauen schaffen würde, sodass Menschen einander günstiger Kredite gewähren würden. Auf die Gemeinschaft kämen weniger Kosten in Folge von Stress und Krankheiten zu – allerdings auch weniger Gewinne für Pharmaunternehmen. Weil *Degrowth* ähnlich wie die *Care Revolution* vorsieht, Einkommen und Vermögen anders aufzuteilen – durch Besteuerung von Wohlhabenden und Unternehmen, durch Maximaleinkommen, gute Mindestlöhne und eine gute soziale Grundsicherung –, würden Kosten ökonomischer Ungerechtigkeit wie Straftaten oder die Kosten einer Sicherheitspolitik, die dann nicht mehr in gleichem Maße rechtfertigbar wäre, ausbleiben.

Die Bewegung *Degrowth*, die sich in den letzten Jahren in Europa ausbreitet, ist als komplementär zu *Buen Vivir* zu sehen, wie Acosta und Brand schreiben.[81] Weder ist *Degrowth* auf den Globalen Süden anwendbar, der sich nach eigenen Vorstellungen entwickeln können muss. Noch ist umgekehrt *Buen Vivir* in Reinform für den Norden umsetzbar. Die lange Kette von der brasilianischen Sojaplantage bis zum deutschen Supermarkt lässt sich außerdem nicht einfach aufbrechen und durch eine regionalere Produktion und solidarische Ernährung ersetzen, analysiert der Ökonom Samuel Decker.[82] Auch können Regierungen, Unternehmen und Zivilgesellschaft den Extraktivismus nicht von heute auf morgen beenden. Sie können diese Produktionsweisen aber planmäßig zurückfahren und andere stärken, so Acosta und Brand. Der Norden müsste in der Tendenz unabhängiger, regionaler und nachhaltiger wirtschaften, Dörfer und Städte müssten sich von unten zu nachhaltigen Produktionsstätten transformieren, Regierungen müssten saubere Energien und umweltfreundlichen öffentlichen Nahverkehr entschieden und schnell ausbauen, viele von uns müssten deutlich weniger konsumieren und dadurch weniger Rohstoffe und Land beanspruchen. Würden so sehr viel weniger Rohstoffe abgebaut, und die notwendigen auf behutsame Weise, würden dabei die natürlichen Ressourcen geschützt und die Menschen im Globalen Süden sozial abgesichert sowie für koloniale Ausbeutung und Abholzung entschädigt – dann könnten sie selbst entscheiden, wie sie wirtschaften. Sie könnten Alternativen zur Wirtschaftsform des Extraktivismus und zur Zulieferrolle entwickeln,[83] so Acosta und Brand, und könnten eigene regionale Wirtschaftskooperationen schließen.

Es geht nicht darum, autarke Dörfer zu schaffen – sowas wollen im Zweifel auch heimattreue deutsche »Volksgemeinschaften« –, sondern darum, Produktionsprozesse kommunal und regional zu verdichten. Zum Beispiel, indem die Nutzung lokaler Landwirtschaft und Energie gegenüber dem Import privilegiert wird, nicht allerdings deren Export – sodass nicht länger europäische Hühnchen für den afrikanischen Markt subventioniert werden und die dortigen Produkte verdrängen.[84]

Die Ideen von *Degrowth*, junger *Umweltbewegung* und *Solidarischer Ökonomie* ergänzen sich also mit der Idee des *Buen Vivir*. In ihrem Ziel einer *guten Lebensweise für alle* sind sie nahezu identisch. Und viele Menschen versuchen sich tatsächlich schon an einer für alle gesünderen Lebensweise – obwohl Ideen von Eigenverantwortung und Wettbewerb dominieren. Für das Entstehen einer Erzählung wäre es entscheidend, zu vermitteln – wie Amitav Ghosh anhand der Klimakrise als dem undenkbaren Kollektiven herausgearbeitet hat –, dass die Beteiligten dieser bereits existierenden alternativen Lebensweisen kollektiv handeln – und dass wir nur so gegenwärtig überhaupt in der Lage sind, etwas zu erreichen. Kollektiv können Menschen solidarische statt industrieller Landwirtschaft etablieren. Kollektiv können sie als Gewerkschaften fordern, dass Betriebe so hohe Löhne zahlen, dass die Arbeitenden sich davon Fairtrade-Produkte leisten können. Kollektiv können sie über Bürgerentscheide und Proteste Regierungen dazu bringen, mehr Geld in Zugstrecken als in Autobahnen zu stecken und Unternehmen zur Ersatzteillieferung zu verpflichten. Kollektiv können sie so viele Kleidertauschbörsen und Nähcafés betreiben, dass es einfacher ist, dorthin zu gehen als zur nächsten Zara-Filiale.

Damit sich gute Lebens- und Arbeitsweisen, eine solidarische Ökonomie und alternative Entwicklungszusammenarbeit tatsächlich ausbreiten, müssen natürlich langfristig Regierungen – lokale wie nationale – die zerstörerischen Produktionsweisen planmäßig zurückfahren und andere stärken. Die gegenwärtigen Zusammensetzungen der meisten Parlamente verheißen aber nichts in der Richtung. Erforderlich ist deshalb Druck aus dem außerparlamentarischen Raum. Auch Atomausstieg und Energiewende waren in der Bundesrepublik nur möglich, weil Hunderttausende Menschen entschlossen und gemeinschaftlich handelten, sich gegenseitig Sonnenkollektoren aufs Dach bauten und jahrelang gemeinsam gegen AKWs und Wiederaufbereitungsanlagen ins Feld zogen. Zwar erfolgte der Ausstieg erst nach der nuklearen Katastrophe in Fukushima, doch ohne Jahrzehnte des Anti-AKW-Protests hätte die Regierung Merkel den GAU als weiteres »beispielloses« Unglück abtun und die AKWs am Laufen halten können. Entscheidend für die breitenwirksame Vermittlung einer *guten Lebensweise* ist also auch, zu erkennen, dass es nicht sinnvoll ist, auf Regierungshandeln zu warten, solange Regierungen nicht ansatzweise darlegen, dass sie im Sinne der Mehrheit der Menschen und der Natur handeln wollen, sondern weiter nach einer nationalen Logik, in der sie die Kosten auslagern – zum Teil eben nur vermeintlich. Doch selbst die Aussicht auf progressive Regierungen verspricht nicht immer global verantwortungsvolle Politik, denn, wie das Beispiel Griechenland in den letzten Jahren gezeigt hat, vermögen es internationale Einrichtungen wie die EU in ihrer gegenwärtigen Verfassung immer wieder, auch progressiv antretende Regierungen zu einer Fortsetzung der bisherigen Politik zu zwingen.

»Wenn wir auf Regierungen warten, wird es zu spät und zu wenig sein, wenn wir allein handeln, wird es zu wenig sein, aber wenn wir in Gemeinschaft handeln, dann könnte es gerade noch ausreichen und gerade noch rechtzeitig sein«, sagt der Begründer der *Transition-Town*-Bewegung Rob Hopkins.

Darüber hinaus müsste eine neue linke Erzählung vermitteln, dass diese vielen Nischen in einem Kontext stehen. Dabei handeln selbst die Beteiligten nicht notwendigerweise im Sinne einer *guten Lebensweise* im größeren Rahmen. In Repair Cafés gehen Leute auch deshalb, weil sie Spaß an Technik oder keine Kohle für Neues haben, in urbane Gärten gehen sie auch, weil sie sich egoistisch einfach nur gesund ernähren wollen, in Entschleunigungs-Seminare, weil sie sich zwischen Kids und Karriere wieder mental fit machen wollen. Um diese Nischen Teil einer Erzählung werden zu lassen, können wir alle, Beteiligte sowie Beobachtende in Medien, Politik, Kunst, Aktivismus oder Wissenschaft mehr als bislang klarmachen, dass die Projekte in einem globalen Zusammenhang stehen und das Anliegen eines guten Lebens für alle teilen. Unterschiede müssen benannt, mögliche Widersprüche mit anderen Konzepten aufgezeigt, vor allem aber die gemeinsamen Ziele erkannt und konkretisiert werden.

Haben darüber hinaus die Ideen des ökologischen, gemeinschaftlichen und solidarischen Lebens, die ich hier unter dem Begriff des *Buen Vivir* zusammenfasse, auch Gemeinsamkeiten mit der Frage, wie wir Pflege, Erziehung und andere Fürsorge gut organisieren, also mit der *Care Revolution*?

Bei beiden Konzepten geht es darum, die Wirtschaftsweise nach Bedürfnissen auszurichten. Mal mit Fokus auf unserem Bedürfnis nach menschlicher Fürsorge und der Analyse, diese anders, vor allem kollektiver gestalten und auf alle verteilen zu müssen statt auf die bislang damit beauftragten Frauen und Migrant*innen. Mal mit dem Fokus auf den Bedürfnissen der Menschen im Globalen Süden und der Natur. Sie beziehen den jeweils anderen Fokus aber mit ein: Die *Care Revolution* berücksichtigt die Fürsorge für die Natur, weil Luft, Wasser, Pflanzen uns versorgen und Natur auch der Erholung dienen kann. Das *Buen Vivir* bezieht die menschliche Fürsorge mit ein, vor allem in seinem Aspekt des Gemeinsinns. Indigene und feministische Konzepte sind sogar oft eng verbunden, wie die Publizistin Silvia Federici analysiert. In Lateinamerika versuchen vor allem Frauen, den Extraktivismus aufzuhalten. Sofern sie von den Rohstoffkonzernen aus ihren Dörfern vertrieben werden, organisieren sie sich in den Slums der Großstädte kollektiv, betreuen Kinder zusammen, bauen Nachbarschaftszentren auf, planen für die Community und verhandeln gemeinschaftlich mit der Regierung über Wasser- und Stromversorgung. »Die Menschen aus den ländlichen Gebieten ... behielten etwas von der kommunalen Kultur ihres Lebens auf dem Land bei. Diese Art, sich zu organisieren, ist stärker, machtvoller und verlässlicher, und dabei spielen Frauen die Hauptrolle«, erklärt Federici 2018 im *Missy Magazine*, »Heute führen Frauen die Kämpfe in Lateinamerika an.«[85] Auch historisch waren es häufig Frauen, die sich gegen die kapitalistische Logik und gegen die Ausbeutung und Zerstörung ihrer Subsistenzwirtschaften wehrten, beschreibt Federici in *Caliban und die Hexe. Frauen, der Körper und die ursprüngliche Akkumulation* (2012).[86] Im Feudalismus wehrten sie sich gegen die Lehnsherren, im 15. Jahrhundert in Europa gegen die Abschaffung gemeinschaftlichen Landeigentums und auf dem amerikanischen Kontinent gegen die spanischen Kolonisatoren, wofür sie über Jahrhunderte diszipliniert, zugerichtet und vernichtet wurden, unter anderem als »Hexen«.

Care Revolution und *Buen Vivir* haben weitere Gemeinsamkeiten. Beide haben einen anderen Kostenbegriff als den bislang gültigen, denn sie beziehen unsichtbare Arbeit und ausgelagerte Kosten mit ein. Beide begreifen Abhängigkeit als unumgehbares Strukturmerkmal unserer Existenz, statt sie zu leugnen oder abzuwerten, denn auch das Trinkwasser von Stadtbewohner*innen kommt nur aus einer intakten Natur und nicht aus dem Supermarkt, auch die Gesundheit von Männern hängt von Zuwendung ab statt nur von Medizin aus der Apotheke. Beide Entwürfe entwickeln außerdem Szenarien, in denen wir Arbeit und Lebensweisen kollektiver als bisher, sowie tendenziell regionaler gestalten und über mehr Zeit jenseits der Erwerbsarbeit verfügen müssen – für Familie, Garten, Haushalt, Freundschaften, Politik, Gemeinschaft, Essen, das eigene Wohlbefinden. In beiden Szenarien müssten wir zudem Arbeiten der Daseinsvorsorge gegenüber Arbeiten in schädlichen Industrien wie Rüstung, Kohlekraft oder Automobilindustrie priorisieren. Und beide Konzepte sehen vor, Wohlstand anders zu verteilen und Zugang zu Gemeingütern für alle zu schaffen. Auch städtische Pflegeheime müssen über Grünflächen verfügen, nicht nur Stadtrandvillen. Mobilität muss allen möglich sein, nicht nur denen, die sich Tickets leisten und Bonusmeilen erwerben können.

Entscheidend für die Suche nach einer neuen Erzählung ist aber noch etwas: In beiden großen krisenhaften Bereichen, der Dauerkrise der Fürsorge und der Dauerkrise von Natur und Globalem Süden, entstehen seit wenigen Jahren in Vergessenheit geratene Formen von Artikulations- und Entscheidungsräumen. Sowohl in Care-Räten als auch in Ernährungsräten erklären vermeintliche Laien ihre Expertise. Anders als die Arbeiter- und Soldatenräte in der kurzen Phase der Räterepubliken in deutschen Städten 1918/1919 sammeln sie sich heute nicht nach Berufsständen, sondern eher nach Lebensbereichen wie eben Care oder Ernährung. Und: In Care-Räten organisieren sich nicht nur Pflegerinnen und Erzieher, sondern auch Fürsorge-Empfänger*innen, in Ernährungsräten nicht nur Landwirtinnen und Ernährungswissenschaftler, sondern auch Verbraucher. Diese thematischen Beteiligungsformen sind für viele, die Orte mit Machtspielen und Hierarchien vermeiden, attraktiver als Parlamente, die nach Parteien geordnet sind und in denen Inhalte in der Regel nach Fraktionszwang entschieden werden. Ob diese Räte Bestand haben, ob sie sich in andere Bereiche ausbreiten, ist unklar. Völlig unklar ist auch, wie sie auf Dauer zusammengesetzt sein werden, ob sie gewählt oder gelost werden. Ob sie, wenn sie mal gewählt sind, zurückbeordert werden können, wenn sie anders entscheiden, als es der Wille derer war, die sie entsandt haben; das heißt, ob sie wie in der ursprünglichen Idee der Räterepublik, und anders als Abgeordnete heute, ein imperatives Mandat haben. Unklar ist auch, ob sie Regierungen und Stadtparlamente bloß beraten werden, ob sie ein Veto einlegen dürfen, oder ob sie eigene Entscheidungsbefugnisse erstreiten. Fraglich ist auch, ob sie übergeordnete Strukturen haben werden, die die Anliegen und Bedürfnisse auf regionale und nationale Ebene weitertragen. Wünsche und Konzepte für gutes Essen, gute Landwirtschaft, gute Krankenhäuser, gute Altenheime, gute Bildung, gutes Wohnen, gutes Zusammenleben, für ein *gutes Leben* entstehen aber gerade unter anderem in Räten und anderen Foren. Lokal, an Ort und Stelle, dort, wo Menschen leben, essen, wohnen, arbeiten und schlafen, entwickeln einige von ihnen neue Methoden, um kollektiv die Bedürfnisse von Menschen und Natur offenzulegen, neue Vorstellungswelten zu schaffen, bestehenden Wünschen Ausdruck zu verleihen oder noch nicht artikuliertes Begehren zu wecken. *Care Revolution* und *Buen Vivir* verbindet vor allem, dass die Kämpfe von Pflegerinnen an der Charité wie auch von widerständigen Dorfgemeinschaften in Südamerika und solidarischen Aktivist*innen im Globalen Norden die dichotome Ordnung von Beherrschern und Beherrschten durcheinanderbringen. Ideen für solche neuen Formen globaler Selbstbestimmung entstehen aber auch andernorts.

Wer zieht wohin?
Eine Spurensuche am Bahnhof

> Ich will einen Pass,
> wo »Erdenbewohner« drinsteht.
> DOTA

Willkommensbewegung auf Attacke

31. August 2015, 23 Uhr

Ich liege im Bett, als ich auf Twitter lese, dass am Hauptbahnhof München Hilfe nötig ist: Essen, SIM-Karten, Wasser, Windeln. Ich lese das, so meine ich mich heute zu erinnern, unter anderem bei einem jungen Fotografen namens Leo. Doch weder seinen Tweet noch sein Profil finde ich später bei Recherchen noch, dafür einen Tweet an ihn aus dieser Nacht. Er ist vom britischen Nachrichtensender BBC. »Hi Leo, would you be available for a *BBCworldservice* interview tonight about the #trainofhope welcome? If ok please DM your contact.«

Ich muss mir die Ereignisse aus der Nacht in Erinnerung rufen, denn ich habe nichts dokumentiert, später werde ich nur ein Blatt Papier in meiner Hosentasche finden, darauf steht »Welcome« und die arabischen Schriftzeichen »مرحبا« für »Hallo«. Ich steige aus dem Bett und aufs Fahrrad. In den letzten Tagen hatten einige Menschen in Budapest und Wien den Ankommenden, die über den Balkan nach Mitteleuropa kamen, geholfen. Mit Wasser, Essen, Gesprächen. »Stimmung kippt zum 1. Mal, seit ich mich erinnern kann, zum Positiven! Danke Euch allen. #trainofhope #menschseininösterreich«, hatte ich tagsüber auf Twitter bei der Wiener Politikwissenschaftlerin Natascha Strobl über die Situation in Wien gelesen. Wie wird es in München sein? Wer ist jetzt um Mitternacht noch am Bahnhof? Eine Handvoll Nazis ist da, lese ich auf Twitter noch, unter anderem ein verurteilter Münchner Rechtsextremist, der 2003 einen Bombenanschlag auf die Grundsteinlegung des Jüdischen Zentrums geplant hatte. Wird die BBC später berichten, dass in München ähnlich wie in Wien einige Menschen anderen helfen? Wird fast niemand da sein? Oder werden die Ankommenden von Rechten bespuckt und angeschrien?

Als ich ankomme, warten an Gleis 26 ein paar Dutzend Menschen auf den Zug aus Wien, ein paar Polizeibeamte sind auch da. Äußerlich erkennbare Nazis sehe ich nicht. Beim Warten zeigt eine Frau mir ein Chat-Protokoll auf ihrem Handy: Ihr Mann schreibe, erklärt sie auf Englisch, dass er in dem Zug säße, der gleich kommt. Vor zwei Monaten hatten sie sich auf der Flucht verloren.

»Habt ihr Zettel und Stift?«, fragt ein junger Mann. Ich sehe an mir herunter, außer Schlaf-T-Shirt und Hose mit etwas Bargeld habe ich nichts dabei. Jemand anderes zieht drei zerknüddelte DIN-A4-Blätter hervor. »Können Sie hier eine Begrüßung auf Arabisch draufschreiben?«, fragt der junge Mann die Frau, die auf ihren Mann wartet. Sie schreibt, zwei Münchnerinnen malen die Zeichen ab, auf die anderen beiden Zettel. Vielleicht halte ich eine halbe Stunde später, als der Zug einrollt, einen der Zettel hoch, ich weiß es heute nicht mehr. Ich muss aber einen irgendwann eilig in die Hosentasche gesteckt haben, vielleicht, als die Zugtüren aufgehen und mir im Getümmel eine 40-jährige Frau in die Arme fällt. Sie kann sich nicht auf den Beinen halten, keucht und lässt sich von mir und einer Polizistin auf dem Gleis an eine Säule lehnen. Irgendetwas in diesem Moment überfordert sie. Erschöpfung? Die Hitze der Nacht? Die Tatsache, dass gerade keine offensichtliche Bedrohung zu erkennen ist? Zumindest ist keine Grenzpolizei mit Waffen vor ihr, und auch keine Rechtsextremen – die, die vor meiner Ankunft dagewesen waren, hatte die Polizei rauseskortiert. Jetzt sind hier nur ein paar freundlich guckende Menschen mit Wasserflaschen und Willkommensschildern. Vielleicht ist es einer der wenigen Momente auf der Reise der keuchenden Frau, in denen sie sich nicht zusammenreißen muss. Ich weiß es nicht. Die Polizistin reicht ihr Wasser. Wenige Minuten später steigt ein Mann aus, spricht ruhig auf sie ein, sie scheinen sich zu kennen, nach zehn Minuten kann sie wieder aufstehen. Später in der Nacht sehe ich möglicherweise noch die Frau, die mir ihren Chat gezeigt und »Willkommen« übersetzt hat, mit einem Mann Arm in Arm gehen. Auch das weiß ich nicht mehr, ich sprach in dieser Nacht – meist mit Gesten – mit vielen Menschen. Dass am Kopfende des Gleises Willkommensschilder in die Höhe gehalten wurden, sahen die Ankommenden in den hinteren Waggons nicht, sie wurden gleich in die andere Richtung geleitet, in die alte stillgelegte Bahnhofshalle am Rande des heutigen Bahnhofs. Mit 300 anderen sind sie dort drin. Stunde um Stunde lässt die Polizei sie raus, zunächst Familien – zu Bussen, die sie in Unterkünfte bringen. Ungefähr 50 Menschen helfen ihnen Koffer tragen, bieten Brezen und Wasser an, ein paar junge Leute sind besser organisiert, haben vor der Bahnhofshalle einen Bottich mit warmem Gemüse aufgestellt, dazu verteilen sie Fladenbrot. Bevor ich gegen 2 Uhr nach Hause fahre, treffe ich noch den jungen Fotografen Leo. Er ist aufgeregt, gleich ist sein Interview mit der BBC. Ich finde das Interview heute nicht mehr, aber eine Handvoll Tweets aus der Nacht am Bahnhof, wie den eines Münchners namens @zugroasta: »Das war heute sicher das Sinnvollste, was ich in den letzten Monaten gemacht hab.«

In den folgenden Tagen kommen mehrere Hundert, später mehrere Tausend Menschen am Münchner Bahnhof an. Die einen aus Aleppo, Kabul, Falludscha, die anderen aus München, Starnberg, Landshut. Sie werden Essen, Getränke und Schlafsäcke annehmen beziehungsweise hergeben, gemeinsam in Turnhallen Betten aufbauen, sich austauschen. Die Eingesessenen werden anfangen, sich zu organisieren: Ein paar unter ihnen werden neonfarbene Westen anziehen und den anderen erklären, wo am Bahnhof sie einen Pavillon aufbauen. Andere werden handgeschriebene Listen und digitale Plattformen bauen, um die Zusammenarbeit zu managen: Wer in den nächsten Monaten zu welchen Tages- und Wochenzeiten Zeit hat, wer welche Sprachen spricht, wer bei Behördengängen oder psychischen Problemen helfen kann. Bürgermeister Dieter Reiter wird stolz zum Bahnhof kommen, ein Geflüchteter wird ein Selfie mit Angela Merkel machen, das Bild einer Willkommenskultur in Deutschland geht um die Welt. Was davon ist geblieben? Und was erzählen wir uns davon?

Über Monate zog die Idee, Geflüchteten zu helfen, Millionen Menschen in den Bann, 55 Prozent der über 14-Jährigen in der Bundesrepublik beteiligten sich 2015 an der Hilfe.[87] Doch die Erlebnisse scheinen nur vorübergehend das Potenzial zu einer Erzählung gehabt zu haben. Heute sprechen wenige noch von *Willkommen,* der rechte Diskurs aus *Abschotten* und *Ausweisen* prägt die Debatten. Dabei war die *Willkommenskultur* ein positiver Frame mit einem eigenen Entwurf von Solidarität, der sagte: Ihr seid hier herzlich aufgenommen, wir unterstützen euch dabei, euch einen Wohnort zu suchen, wo ihr sicher und in Ruhe lebt. Doch »Willkommen«, so Elisabeth Wehling in einem Interview, ist zu kurz gegriffen.[88] Der Begriff beziehe sich nur auf den Moment des Ankommens, nicht auf die Jahre danach, auf Zeiten wie jetzt, wo Menschen versuchen, sich ein Leben in Ruhe und Frieden einzurichten, sich an dem neuen Ort einzubringen, und andere ihnen dabei helfen. Wenn *Willkommenskultur* nicht verfängt – gibt es dann eine andere Idee, die der Solidarität mit Geflüchteten Ausdruck verleiht? Den Millionen Menschen ein Gesicht gibt, die nach wie vor mit den Geflüchteten zusammenarbeiten, von denen es nie zuvor so viele gab wie heute? Gibt es eine erfolgversprechende Erzählung davon, dass alle ihren Wohnort frei wählen können, dort leben dürfen, wo sie ein einigermaßen gutes Leben haben?

Januar 2018, Café Bellevue in München

Elvira Bittner guckt auf ihr Handy, sie wartet auf eine Nachricht von Matin. »Er hatte gestern ein Vorstellungsgespräch für einen Ausbildungsplatz als Krankenpflegehelfer, die müssten sich eigentlich jederzeit melden.« Matin Rasoli ist ein junger Mann aus Kabul, Elvira Bittner ist Stadtführerin und Übersetzerin aus München. Als sich nach der wochenlangen Hilfe am Bahnhof die Nachfrage nach den Ehrenamtlichen in der ganzen Stadt verbreitete, lernten die beiden sich über eine Unterkunft für Asylsuchende kennen. »Matin ist ruhig und höflich. Ich glaub nicht, dass man den nicht mögen kann. Aber zwei Vorstellungsgespräche waren schon, und beide sind nichts geworden.« Seit Rasoli im Januar 2016 über Iran und den Balkan nach München gekommen ist, gehen er und Bittner zusammen ins Theater, waren gemeinsam bei seiner Anhörung beim Bundesamt für Migration und Flüchtlinge, mit der Hilfe von Bittner und einer anderen Asylhelferin hat er seine Abschlussprüfungen an der Mittelschule gemacht und Praktikumsplätze und Vorstellungsgespräche bekommen. Das Café Bellevue, in dem Bittner auf seine Nachricht wartet, gehört zu einem Projekt von Geflüchteten und Alteingesessenen: Sie haben mit Unterstützung prominenter Kulturschaffender eine Sozialgenossenschaft gegründet und renovierungsbedürftige Gebäude von der Stadt München gepachtet und saniert, in denen heute 40 Geflüchtete wohnen, sie veranstalten Filmabende, Diskussionen, betreiben ein Atelier und das Café.

»Oh, nein.« Bittner blickt mit geweiteten Augen aufs Display. Nachricht von Matin? »Jetzt soll über das Bleiberecht durch Anhörungen in Lagern entschieden werden, die sollen gar nicht mehr erst in Unterkünfte kommen.« Nein, keine Nachricht von Matin Rasoli. Bittner liest nur die Ergebnisse der Sondierungsgespräche zwischen SPD und Union, die gerade rauskommen. Darin ist die Rede von geplanten »Ankerzentren«. Was das heißt, beschreibt später ein *taz*-Artikel für eines der sieben bayerischen Zentren:[89] Alle neu ankommenden Flüchtlinge müssen dorthin und dort bleiben, bis über ihr Recht auf

Asyl entschieden ist. Wichtige sie betreffende Einrichtungen sitzen hier auf einem Fleck: Bundesamt für Migration und Flüchtlinge, Verwaltungsgericht, Rückkehrberatung, Arbeitsagentur. Die Menschen dürfen zwar raus, aber das Lager ist bewacht, Besuch von Angehörigen oder dem Flüchtlingsrat nicht erlaubt.

»Es soll auch Sachleistungen statt Geld geben«, sagt Bittner. Sie verfolgt heute jede Äußerung von Merkel und Seehofer. Das war lange nicht so ausgiebig der Fall, sie war zwar früher in der Friedensbewegung und bei Amnesty International aktiv und war immer politisch interessiert, hat sich aber dann lange Jahre vor allem um ihre Arbeit als Selbstständige gekümmert. Politisch aktiv wurde sie erst wieder, als sie über Matin Rasoli das deutsche Asylverfahren genauer kennenlernte. Es veränderte sie.

Am 8. Dezember 2017 begleitete sie ihn zu seiner Anhörung. Neben dem Anhörer ist eine Übersetzerin dabei, denn Matin Rasoli will lieber in seiner Muttersprache sprechen, weil sein Deutsch wie das der meisten Asylsuchenden zum Zeitpunkt der Anhörung noch nicht so gut ist, es aber wichtig ist, detailreich und treffend Leben und Flucht zu schildern. Rasoli wollte eine Übersetzung in Dari, das er spricht. Aber es gab nur eine Übersetzerin, die das im Iran übliche Farsi spricht. Die Sprachen sind sich ähnlich, aber nicht identisch. Die Anhörung beginnt. Der Anhörer befragt Matin Rasoli zu seiner Lebensgeschichte. Bittner hat nie groß nachgefragt, aber über die Monate haben Rasoli und sie sich immer wieder über ihre bisherigen Leben ausgetauscht. Sie hat ihm auf die Frage geantwortet, warum sie nicht verheiratet ist. Er hat ihr erzählt, dass sein Vater und seine Brüder den Taliban nicht genehm waren, weil sie für die Regierung arbeiten. Und dass die Taliban auch ihn, Matin, mehrfach bedroht haben, weil er Wahlhelfer war. »Ich sehe einfach, dass er Angst hat«, sagt sie mir. »Er kann nicht zurück nach Kabul. Und entscheidend ist für mich, dass er nicht wieder dorthin will, sondern hier in München leben und als Krankenpfleger arbeiten. Dabei helfe ich ihm.«

Im Laufe der Anhörung gewinnt Bittner, auch wenn sie kein Dari oder Farsi kann, den Eindruck, dass die Übersetzerin sich mit Rasolis Schilderungen schwertut, sie hat außerdem Lücken im Deutschen und kann scheinbar sprachliche Feinheiten nicht gut artikulieren. »Hinzu kommt, dass der Beamte ja diese Textbausteine verwenden muss«, erklärt Bittner. Das ist Teil einer neuen Methode im Bundesamt. Im Herbst 2015 heuerte die Bundesregierung das Beratungsunternehmen McKinsey an, es sollte Vorschläge machen, wie die Asylprüfungen schneller würden. McKinsey schlug vor, die Anhörungen, die üblicherweise unterschiedlich lange dauerten, auf 90 Minuten zu begrenzen, in Ausnahmefällen auf 180. Außerdem sollten die Anhörenden nicht mehr wie bisher nur in den Worten der geflohenen Person deren Leben und Flucht dokumentieren, sondern auch mit vorgefertigten Textbausteinen. So wurde beispielsweise der Asylantrag einer serbischen Roma-Frau, die angab, zur Prostitution gezwungen und vergewaltigt worden zu sein, an einer Außenstelle des Berliner Bundesamtes mit dem Textbaustein abgelehnt: »Die Umstände, die die Antragstellerin geltend macht, gehen nicht über das Maß dessen hinaus, was alle Bewohner hinzunehmen haben, die in vergleichbarer Situation leben.«[90] Teilweise nutzte das Bundesamt, wie es selbst 2017 bestätigte, auch Textbausteine mit veraltetem Inhalt. So wurden über ein Dutzend Asylgesuche der von der türkischen Regierung für den Putschversuch 2016 verantwortlich gemachten Gülen-Anhänger*innen abgelehnt. Denn im Textbaustein wurde noch davon ausgegangen, dass die Türkei Folter und Misshandlung unterbindet, um den »nach wie vor angestrebten Beitritt zur Europäischen Union nicht zu gefährden«. Ein weiterer Vorschlag von McKinsey: Nicht die Anhörenden selbst, sondern eine andere Person aus dem Bundesamt sollte später anhand von Dokumenten und Textbausteinen einschätzen, ob der geflüchtete Mensch gefährdet ist, wenn er wieder dorthin reist, von wo er geflohen ist. So entscheidet heute eine Person über den Asylrechtsanspruch eines Menschen, die diesen vorher nie gesehen hat.

Hinzu kommt: Seit 2015 stellte das Bundesamt aufgrund von Personalmangel Menschen mit »massiven Wissenslücken« in Länderkunde und Dokumentenprüfung als Entscheider*innen ein, wie der Personalrat Paul Müller berichtet.[91] Während diese üblicherweise Abschlüsse in Öffentlicher Verwaltung oder Rechtswissenschaften haben und mehrmonatige Schulungen durchlaufen müssen, entschieden nun mitunter frische Hochschulabsolvent*innen mit Bachelor in Forstwirtschaft oder Master in Archäologie, Soziologie oder Betriebswirtschaft. Schulungen machten viele erst, nachdem sie schon Monate dort gearbeitet hatten, manche gar nicht, ehe ihr befristeter Vertrag nach zwei Jahren wieder auslief. Wie interne Dokumente des Bundesamtes belegen, waren über 400 der insgesamt 3000 Entscheider*innen seit 2015 »ohne Qualifizierung«. Von den in dieser Zeit neueingestellten Sekretariatskräften, die für die Dokumentenprüfung zuständig sind, hatten 2700 von 3300 »keine Qualifizierungsmaßnahmen erhalten«.[92]

Bittner sieht während der Anhörung mit an, wie Matin Rasolis Schilderungen aus Kabul zu Textbausteinen werden. »Der Anhörer war bemüht, aber sehr gereizt. Sein Computer hat gesponnen, er musste alles immer wieder fragen, hat geflucht.« Als sie schließlich den Text des Anhörers lesen, anhand dessen eine andere Person über Matin Rasolis Verbleib in München entscheiden wird, hat sie ein ungutes Gefühl, aber sie weiß auch nicht, worauf es ankommt. Fünf Monate später, im Mai 2018, erhält Matin Rasoli den Asylbescheid: Er ist abgelehnt. Bittner und er klagen gegen den Bescheid – das ist nicht ganz aussichtslos, rund 40 Prozent der Asylbescheide werden zu diesem Zeitpunkt von den Verwaltungsgerichten wieder aufgehoben, zugunsten der Geflüchteten. Bei Menschen aus Afghanistan und Syrien liegt die Erfolgsquote vor Gericht bei 60 Prozent. Matin Rasoli wartet seitdem auf einen Termin beim Verwaltungsgericht. Denn das Bundesamt sollte durch McKinseys Vorschläge zwar schneller werden, dafür sind die Gerichte heute überlastet, an die die aufschlussreichen Befragungen und individuellen Beurteilungen jetzt ausgelagert sind. »Viele gehen aber auch mit endgültiger Ablehnung nicht an die Orte zurück, von denen sie geflohen sind, sie leben dann lieber irgendwo in Europa auf der Straße«, sagt Bittner. Würde Rasoli jetzt den Ausbildungsplatz zum Krankenpflegehelfer kriegen, hätte er auch bei endgültiger Ablehnung durch das Gericht möglicherweise eine Chance zu bleiben. Entweder er könnte dann eine weitere Ausbildung zum Pfleger machen und für die drei Jahre der Ausbildung und zwei weitere bleiben. Oder es ändert sich in den nächsten Monaten und Jahren politisch grundsätzlich etwas, und die neue Regierung entscheidet, wegen des Pflegenotstands Pflegekräfte bleiben zu lassen. Bittner guckt auf ihr Handy. Noch keine Nachricht. »Ich habe über die ganze Situation von uns Asylhelfern und den Flüchtlingen schon Briefe an Politiker, Pfarrer, Kulturleute und Zeitungen geschrieben«, sagt sie. Die meisten schickten ihr auch Textbausteine. Unter den Politiker*innen antworteten nur eine Linke und eine Grüne ihr mit einem echten Text, schrieben aber auch, ihnen seien wegen der politischen Mehrheiten die Hände gebunden. »Ich habe mich ohnmächtig und allein gefühlt – bis zu Thomas' Brief.«

Ein knappes Jahr vorher. Anfang 2017
Thomas Lechner, Mitte 50, kennen viele in München als Veranstalter von Konzerten und einer schwul-lesbischen Partyreihe. Auch er widmet sich seit 2016 Geflüchteten. Neben Kochabenden, Behördenbesuchen und Ausflügen veranstaltet er Handy-Partys, auf denen alte und neue Münchner*innen ihre Musik vom Handy abspielen können. »Das macht denen so Bock, ihre Musik zu spielen und zu teilen.« Thomas Lechner hat die gleichen Erfahrungen wie Bittner im Asylverfahren gemacht und will sie nicht mehr hinnehmen.

Am 6. März 2017 schreibt er einen offenen Brief, die lokalen Zeitungen *Münchner Merkur* und *tz* drucken ihn. »Nicht nur die vielen neuen Mitbürger leben mit der täglichen Angst. Auch diejenigen, die unsere Werte schützen und verteidigen, sind immer verzweifelter. Enttäuschung, Wut und Lähmung machen sich breit. So geht uns allen die Kraft aus, und das in einem

Wahljahr, in dem besonders viel auf dem Spiel steht, in dem wir unsere Stärken und unsere Leidenschaft ganz besonders brauchen.« Lechner ruft die Asylhelfer*innen Münchens zu einer Vollversammlung noch vor der Bundestagswahl auf. 1500 von ihnen aus München und Umgebung sitzen, ähnlich den Platzbesetzungen während der Wirtschafts- und Finanzkrise in südeuropäischen Städten, am 23. April 2017 in kleinen Gruppen auf dem Münchner Marienplatz. Sie alle erlebten in den letzten Jahren überforderte Übersetzerinnen und Anhörer, die ihnen selten so erschienen, als hätten sie ausreichend Zeit und Möglichkeiten, um die mitunter aufwühlenden Schilderungen von Leben und Flucht der Menschen, die ihnen gegenübersaßen, aufzubereiten, manche brüllten oder warfen mit Papierstapeln nach ihnen. Die Asylhelfer*innen beobachten den rhetorischen Rechtsruck, die Asylverschärfungen, und wie im Mittelmeer Menschen sterben. Manche fühlen Ohnmacht, manche Lethargie, manche Wut. Sie haben Arabisch gelernt und Deutsch gelehrt, Möbel, Ausbildungsplätze und Grippemittel besorgt, Psychotherapien und Abtreibungen vermittelt, Weihnachten und Iftar mit ihren neuen Bekannten gefeiert. Doch viele von diesen mussten ausreisen, sind untergetaucht oder depressiv geworden, angesichts des Wartens und der Ungewissheit über das weitere Leben. Auf dem Münchner Marienplatz diskutieren sie, wie es weitergehen soll. Einige wollen sich in lokalen Asylhelfergruppen stärken, sich austauschen, stützen und Ratschläge für Anhörungen, Ausbildungsplätze und Kirchenasyl geben. Andere – darunter Lechner, Bittner und ein paar Dutzend weitere – wollen an die Öffentlichkeit, sich Gehör verschaffen. Ich begleite Letztere ab Sommer 2017, weil hier etwas Neues entstehen könnte. Dieser Teil der Asylhelferszene will sich nicht nur vernetzen und gegenseitig stärken, sondern Einfluss nehmen auf die Deutung dessen, was sie und ihre geflüchteten Bekannten erleben. Sie wollen die Erzählweise über die Willkommenskultur und die Frage, was davon gescheitert ist oder nicht, nicht Medien und Rechten überlassen. Sie wollen in den politischen Diskurs intervenieren, der sich zunehmend von ihrem Erleben entfernt: Nach dem Jubel über die »Willkommenskultur« 2015 zeichnen Medien und Politik seit 2016 das Bild frustrierter Helfer. Tatsächlich sind Bittner und die anderen frustriert, aber nicht ausgebrannt oder unengagiert, wie viele Medien es schildern. Sondern sie sind erschüttert von rechter Rhetorik und enttäuscht von Behördenentscheidungen und einer Regierung, die Regionen zu sicheren Herkunftsländern erklärt, von denen die Menschen, mit denen sie täglich zu tun haben, ihnen berichten, dass sie unter keinen Umständen wieder dorthin reisen werden. Elvira Bittner, Thomas Lechner und die anderen wollen nicht mehr, dass bloß über sie und ihre neuen Bekannten gesprochen wird. Sie wollen selber erzählen.

Montag 19 Uhr, Sommer 2017

Kurz nach Thomas Lechners offenem Brief und im Zuge der Vorbereitung der Vollversammlung hat sich ein harter Kern von Münchner Ehrenamtlichen herauskristallisiert: Bittner, Lechner und ein Dutzend andere sitzen jetzt jeden Montag nach ihrer Erwerbsarbeit zusammen in einem Besprechungsraum eines Münchner Kulturzentrums.

»Hat jemand Kontakt zu Regisseuren?«, fragt Lechner. Ihr Plan ist ein Menschenrechts-Tribunal, ähnlich dem NSU-Tribunal oder dem Russell-Tribunal zum Vietnamkrieg. Sie wollen in einer Art Theaterinszenierung auf einem öffentlichen Platz Behörden und Politiker*innen ihrer Verbrechen anklagen. Die Gruppe hat sich mittlerweile einen Namen gegeben: *Gemeinsam für Menschenrechte und Demokratie.* »Nicht gerade ein Bandname«, sagt der Konzertveranstalter Lechner lächelnd. Außer ihm sind alle hier Frauen: darunter Helga Nirschl, eine Betriebswirtin, die bei einem alteingesessenen Münchner Juwelier arbeitet, eine junge Online-Beraterin, eine berentete Volkswirtin und eine Politologin, die Öffentlichkeitsarbeit macht. Für die meisten ist aktivistische Arbeit neu. Termine und Verbündete finden, eine Versammlung anmelden, Kontakte zu Medien knüpfen. Das Tribunal soll noch vor der Bundestagswahl stattfinden, also in wenigen Monaten – kaum vorstellbar, dass sie das schaffen. »Aber zusammen ist das alles viel einfacher zu ertragen, als allein für sich diese Briefe zu schreiben«, sagt Elvira Bittner.

Montag 19 Uhr, Januar 2018

AfD und FDP sind mittlerweile in den Bundestag eingezogen und die Gesichter von Bittner, Nirschl, Lechner und den anderen hier im Neonlicht lang. Noch mehr als bisher prägen extrem Rechte die Debatten. Das Tribunal mussten sie mehrfach verschieben. Denn alles hat viel länger gedauert als geplant, und sie bekamen wenig Rücklauf auf ihre Anfragen an Asylrechtsanwälte, Dramaturginnen und Regisseure. Stattdessen haben sie vor der Wahl noch eine Mahnwache zum Thema »Menschenrechte wählen« gemacht. Da kamen 100 Leute.

»Ich hatte heute Streit mit einer meiner ältesten Freundinnen«, erzählt Bittner den anderen. »Sie will nicht mehr, dass ich über Politik spreche. Sie nervt, dass ich nur noch enttäuscht und empört bin. Wir haben den Kontakt jetzt abgebrochen.« »Das tut mir leid«, sagt jemand.

»Ich wollte gestern in unserem Helferkreis-Mailverteiler darüber schimpfen, wie jetzt etablierte Politiker den NPD-Slogan ›Kriminelle Ausländer raus‹ verwenden«, sagt Claudia von Maltitz, die eine Asylhelfergruppe im Süden von München koordiniert. »Jetzt schieben sie zwar grad nicht nach Afghanistan ab, auch wenn die Leute endgültig abgelehnt sind. Die Kriminellen aber schieben sie ab. Das heißt, sie unterscheiden jetzt: Die einen müssen zurück in Kriegsgebiete, die anderen nicht, ein Menschenleben ist also weniger zu schützen als ein anderes. Aber dann hab ich plötzlich innegehalten und alles in der Mail wieder gelöscht. Weil, ich wusste nicht, ob alle anderen Helfer meine Empörung noch teilen.« Nicken. »Jetzt zensiere ich mich schon selbst«, sagt von Maltitz und schüttelt den Kopf.

»Bei einer Freundin von mir waren jetzt Polizisten vor der Haustür, die haben einen Afghanen gesucht«, erzählt jemand anderes. »Da hat meine Freundin gesagt: ›Ich kann nicht mehr, das mach ich nicht mehr mit.«« »Ja, das verstehe ich. Und Orban will jetzt Asylhelfer bestrafen, hat er gesagt«, ergänzt Elvira Bittner.

Thomas Lechner kommt mit Tee rein. »Wir haben heute Besuch«, sagt er.

Der Autor und Theatermacher Björn Bicker ist da, er soll sie hinsichtlich des Tribunals beraten. Sie hätten zwei Möglichkeiten, sagt er, Akribie oder Show – oder eine Kombination. »Akribie« hieße, an Einzelfällen akribisch Rechtsbrüche bei den Asylverfahren herausarbeiten. Sie schütteln den Kopf, das können sie nicht leisten, es fehlt ihnen an Expertise. »Show« hieße ein Spektakel mit Showcharakter und Promis. Wieder schütteln sie den Kopf, auch dazu fehlen Know-how und Kontakte.

»Wir müssen doch aber irgendwas machen«, sagt eine ältere Asylhelferin aus der Gruppe. »Jetzt spricht Dobrindt schon von der ›konservativen Revolution‹ – und wir sitzen hier ratlos zu zehnt!«

Wenige Tage zuvor hatte CSU-Politiker Alexander Dobrindt in der *WELT* den Begriff »konservative Revolution« verwendet, der nach dem Krieg vom Publizisten Armin Mohler geprägt wurde, um die deutsche Rechte vom Nationalsozialismus reinzuwaschen.[93] »Auf die linke Revolution der Eliten folgt eine konservative Revolution der Bürger«, schrieb nun Dobrindt. »Wir unterstützen diese Revolution und sind ihre Stimme in der Politik.«

»Der will mit der konservativen Revolution eine Erzählung schaffen, und andere Diskurse werden in die Defensive gedrängt«, sagt der Theatermacher Bicker. »Jetzt hilft uns allen nur: beharrlich bleiben und mit allen anderen die Kommunikation aufrechterhalten. Und das ist doch eure Stärke. Ihr seid vernetzt. Ihr macht großartige Arbeit. Ihr haltet den Laden am Laufen. Das gilt es zu erzählen!«

Nachdem Björn Bicker sich verabschiedet hat, begräbt die Gruppe die Tribunalidee. Einige sind froh, dass das Mammutprojekt weg ist. Andere aber sind enttäuscht, sie haben

Monate daran gearbeitet. Auch wenn Bicker ihnen Mut gemacht hat, sind sie doch ratlos.

Was ist jetzt noch ihr Projekt?

Die einen wollen viele kleine Aktionen machen und andere Aktionen unterstützen. Aber das machen sie ohnehin schon, zu jeder Kleinstdemo und an den Flughafen fahren und gegen Abschiebungen demonstrieren. Die anderen wollen eine große eigene Aktion. Aber was? Haben sie noch ein Ziel? Der Tonfall wird härter, der Tee kalt. Das Neonlicht macht es nicht besser.

Ich habe Sorge, dass sich die Gruppe auflöst. Ihre Arbeit ist mühsam, das Interesse der Medien gering, die Beteiligten stehen unter Druck. Einige verlieren Freundinnen, andere den Mut, ihre Überzeugungen kundzutun – sogar in Asylhelferkreisen, so sehr hat sich die Stimmung in der Republik verändert, deren Manifestationen sie sich ständig in Form von Artikeln über WhatsApp und Mailverteiler zuschicken. Wenn sie jetzt nach Hause gehen, denke ich, kommt ein Teil nicht wieder.

Die Gesprächspausen werden länger.

»Leute«, sagt Claudia von Maltitz schließlich. »Wir müssen uns jetzt zusammenreißen. Wir können uns doch nicht wegen dieser menschenverachtenden scheiß politischen Gesamtlage gegenseitig zerfleischen.«

Niemand sagt was.

»Klar sind wir alle gefrustet«, sagt sie. »Aber wir müssen jetzt, wo draußen alles immer schlimmer wird, noch mehr als früher zusammenhalten. Wir dürfen die Ohnmacht nicht gewinnen lassen.«

Einige nicken.

Elvira Bittner lehnt sich nach vorne. »Eigentlich geht es doch um viel mehr als nur um Matin und die anderen Geflüchteten«, sagt sie. »Der Seehofer trifft den Orban, der Gauland verharmlost den Holocaust, die ganze Rhetorik, ›Anti-Abschiebe-Industrie‹. Und dann die verschärften Polizeiaufgaben, es geht doch längst um die Rechte von uns allen. Das müssen wir den Leuten klarmachen. Das hängt doch alles zusammen. Ich hab meine Abschlussarbeit an der Uni über deutsch-jüdische Exilliteratur geschrieben und mich viel mit dem veränderten Klima damals beschäftigt. Und ich will nicht eine von denen sein, die sich später sagen muss, dass sie nichts gemacht hat. Es geht doch um den ganzen Rechtsruck. Gegen die ganze Hetze.«

»Ja!«, sagt Thomas Lechner. »Eigentlich will ich die CSU stürzen.«

Alle lachen.

»Ich will einen Riesenaufstand gegen Söder, Scheuer, Seehofer. Gegen die Hetze der CSU. Eine Riesendemo mit 20.000 Leuten.«

Okay, heute jedenfalls löst sich hier niemand auf, denke ich. Die Stimmung ist wieder auf Attacke. Aber *gegen* Hetze zu sein ist in Sachen *Framing* natürlich nichts Eigenes. Kann eine Großdemo mit 20.000 Menschen unter diesem Motto gelingen? Bei der letzten Demo waren 100 Leute. Gibt es andere Ideen, die dem sich politisierenden Teil der Willkommensbewegung Ausdruck verleihen? Welche Erzählung von Solidarität mit Flüchtenden und globaler Bewegungsfreiheit gibt es?

Die Idee der *Solidarischen Städte*

Oktober 2017, 21 Uhr. Reeperbahnfestival Hamburg.

»Schluck Wein?«, fragt Dorothee Wolter einen jungen Mann, der an ihrem Biertisch stehen bleibt. Der Tisch steht neben der Brachfläche der abgerissenen Esso-Häuser im Getümmel des Musikfestivals. »Warum nicht«, sagt der Mittzwanziger, ein Surfertyp. Wein fließt in einen Pappbecher. »Wohnst du hier?«, fragt sie. Der Mann nickt. »Dann kannst du die Urban Citizenship Card Hamburg beantragen.« Der Surfer guckt fragend. Sie erklärt.

Die Urban Citizenship Card Hamburg soll dazu berechtigen, Stadtbibliotheken zu nutzen, Arztpraxen aufzusuchen oder günstig Medikamente zu bekommen. Eine Stadtbürgerschaft statt einer Staatsbürgerschaft. Noch ist die Karte in Hamburg ein Kunstprojekt, nicht von Senat oder Bundesregierung anerkannt.

Sollten viele anfangen, sie zu nutzen, und sollten Bibliotheken, Arztpraxen oder Behörden sie anerkennen, wäre das Ausdruck dafür, dass jede Person, die sich dauerhaft in Hamburg aufhält, die Stadt mitgestalten, am sozialen und kulturellen Leben teilhaben darf. Vorreiter war 2007 die Stadt New Haven/Connecticut, seitdem sind andere Städte wie San Francisco, Toronto, Oakland gefolgt. In New York City haben 800.000 Stadtbewohner*innen eine ähnliche Karte, die »ID NYC«. Die Bewohner*innen dort können sie sich unabhängig von Pass, Aufenthaltsstatus oder Wohnsituation ausstellen lassen. Sie können damit Bankkonten eröffnen, können leichter eine Sozialversicherungsnummer beantragen, die für Mietverträge nötig ist, können kommunale Einrichtungen wie Bibliotheken nutzen. Außerdem können sie auf der Straße nicht mehr in Gewahrsam genommen werden, weil sie keine Ausweispapiere mit sich tragen – allerdings ist die Polizei in den USA auch eine kommunale Angelegenheit.

»Meine Freundin könnte die Karte brauchen«, sagt der junge Surfer und grinst. «Wir haben uns in Brasilien beim Studieren kennengelernt. Sie ist jetzt hierhergezogen. Und die Stadt Hamburg hat sie in die Illegalität gedrückt.« Jetzt wird er ernst. »Die Ausländerbehörde sagt, sie bräuchte ein Familiennachzugsvisum, dazu müsste sie persönlich nach Brasilien. Sie ist aber im siebten Monat schwanger.« Der junge Mann erklärt, seine Freundin könne nicht zum Arzt gehen und nicht über ihn krankenversichert sein, könne auch kein Konto eröffnen. »Sie war jetzt mal hier bei einer ehrenamtlichen Gynäkologin. Dieses in der Illegalität leben – ich kannte das ja vorher nicht – ist krass, und das in so einem Land wie Deutschland.«

»Na, dann wäre die Karte doch was für dich«, sagt Wolter.

»Ne, ich hab ja einen deutschen Pass«, sagt der Surfer.

»Es geht aber ja genau darum, dass wir *alle* uns den Ausweis machen lassen«, sagt Wolter. »Wenn das wieder nur die machen, die ihn haben müssen, wäre es wieder einer zweiter Klasse. Keiner muss, aber jeder kann. Es geht um Solidarität, darum zu sagen ›Ich werde den Ausweis bei jeder Gelegenheit zeigen, auf den anderen verzichte ich‹.«

Der Surfer nickt.

»Also: Geburtsort?«, fragt Wolter. Kurz darauf stempelt sie »Solidarity City Hamburg« auf die Karte.

Unter dem Begriff *Solidarity City* sammeln sich seit 2016 europaweit zivilgesellschaftliche Initiativen. Die Idee sieht vor, dass alle, die sich in einer Stadt aufhalten, dort einigermaßen gut leben können, Notwendiges wie eine Wohnung und Essen bekommen und am Stadtleben teilhaben können.

Was die einzelnen Städte konkret daraus machen, ist unterschiedlich: Die Mitglieder der *Solidarity City Augsburg* verbreiten die Idee, indem sie in Läden, Bibliotheken und Jugendzentren *Solidarity-City*-Flyer verteilen, die die Leute wie die Regenbogenfahne als Ausdruck der Liberalität an ihre Türen kleben oder in ihre Auslagen legen können. Sie veranstalteten 2018 außerdem eine »Augsburger Sicherheitskonferenz«, bei der sie fragten: Welche Sicherheit ist uns wichtig? Sicherheit durch mehr Polizei, wie es die neuen Polizeiaufgabengesetze vorsehen? Oder ökonomische Sicherheit im Alter? Sicherheit im Straßenverkehr? Sicherheit vor der Klimakrise? Andere Schwerpunkte hat die *Solidarity City Osnabrück*. Hier versuchen Aktivist*innen, die Idee des Bürgerasyls prominent zu machen, also dass Stadtbürger*innen, wie Pfarrer*innen beim Kirchenasyl, einzelne geflüchtete Personen bei sich aufnehmen – das passiert längst, soll jetzt als Praxis aber auch einen etablierten Namen und so Anerkennung bekommen. Und im Bündnis der *Solidarity City Hamburg* geht es seit Mitte 2017 unter anderem um die Urban Citizenship Card. Hier sind zwei Bewegungen zusammengekommen: Menschen, die sich für ein Bleiberecht für alle einsetzen, vor allem für Geflüchtete, und bislang unter dem Slogan »Never mind the papers« agierten. Und Menschen, die sich für ein *Recht auf Stadt* einsetzen, vor allem für erschwinglichen Wohnraum. Beide beschäftigen ähnliche Fragen: Wer darf wo hinziehen? Wer hat in einer Stadt welche Rechte? Wer vergibt diese?

»Die Idee der ›Bürger‹ ist eigentlich gar nicht das, worüber wir reden wollen, sondern wir sprechen von ›Bewohnern‹«, ergänzt neben Dorothee Wolter am Reeperbahn-Festival der Autor Niels Boeing, der den Stand mitorganisiert und auch im Hamburger Netzwerk *Recht auf Stadt* aktiv ist. »Mit dem Philosophen Henri Lefebvre gesprochen, der ja das Wohnen ins Zentrum gestellt hat, könnte man sagen: Die Idee des Bürgers, die aus dem Spätmittelalter raus entstanden ist und auch sehr an Besitz und Eigentum gekoppelt war, ist gar nicht das, worüber wir reden wollen. Sondern wir wollen über die Leute reden, die in der Stadt sind, die hier wohnen.«

Ein älterer Passant verfolgt seit einigen Minuten interessiert den Dialog. »Eine gewisse Verhaftung in der Stadt wäre aber schon nötig«, sagt er.

»Ja, ich würde sagen: alle, die sich in der Stadt verorten«, antwortet ihm Wolter. »Ein Obdachloser ist hier, um hier zu schlafen, auch wenn das auf der Straße ist, auch er ist Teil der Stadt. Aber ein Tourist ist zum Beispiel nur vorübergehend hier, der bräuchte jetzt keinen solchen Ausweis.«

Der Mann nickt.

»Unsere Sinne sind da schon viel weiter: Wir gehen gern zum Syrer, wir verlieben uns in Brasilien, wir hören gern Jazz. Unsere Sinne haben längst verstanden, dass du durch Unterschiede mehr werden kannst, durch das Gleiche nicht. Deswegen sitzen wir auch hier, um das anfassbar zu machen. Das eine ist die Theorie von Solidarität – das hier ist konkret«, sagt Dorothee Wolter. »So, hier«, sie gibt dem Surfer die Karte. »Morgen kommst du mit deiner Freundin wieder.«

Neben den *Solidarity Citys* etablieren sich in den letzten Jahren weitere Städtenetzwerke in Europa, Süd- und Nordamerika: *Zufluchtsstädte, Rebellische Städte, Sanctuary Cities*. Letztere bestehen am Längsten, sie etablierten sich in den 1980ern in den USA und in Kanada und bezogen sich auf die kirchliche *Sanctuary*-Bewegung, auf biblische Asylstädte, freie Städte im Mittelalter und die antike Polis, die verfolgten Menschen

Schutz innerhalb der Stadtmauern boten.[94] In den mittlerweile 300 dortigen *Sanctuary Cities* gilt das Motto: »Don't ask, don't tell«. Das heißt: Behörden, darunter auch die Polizei, fragen nicht nach dem Status von Bewohner*innen und geben, falls sie Informationen darüber haben, diese nicht an nationale Behörden weiter. Sie ermöglichen so den Betroffenen Teilhabe am Leben in der Stadt und schützen sie vor Abschiebungen.

Die neuen Städtenetzwerke beschäftigen sich mit guten Lebensbedingungen für alle in der Stadt. Ein Schwerpunkt liegt auf der Ausweitung des *Bleiberechts für alle*, einige beschäftigen sich aber gleichzeitig auch mit der Frage nach *bezahlbarem Wohnraum*.

Gibt es für diese beiden Politikfelder Konzepte, die konkreter sind als die abstrakten Begriffe von »Solidarität«, »Zuflucht« und »Rebellion«? Falls ja: Können die solidarischen und rebellischen Städte Teil einer neuen Erzählung werden?

Bei der Frage nach dem *Bleiberecht*, also ob es überhaupt Grenzen – im staatsbürgerschaftlichen und territorialen Sinne – braucht, sind sich Linke nicht einig, wie auch der Streit innerhalb der Linkspartei zeigt. Die eine Seite befürwortet es, Grenzen zu ziehen. Denn das ermöglicht es, innerhalb dieser Grenzen soziale und politische Rechte für die Staatsangehörigen zu erstreiten und aufrechtzuerhalten, spricht aber gegen das, was linke von rechten Ideen schlechthin unterscheidet: die Idee der Gleichwertigkeit aller Menschen, also auch derer innerhalb und jenseits einer Grenze. Die andere Seite vertritt die Idee globaler Freizügigkeit. Denn alle Menschen überallhin zu lassen und dort gleiche Rechte zu gewähren, wäre die logische Konsequenz aus diesem Grundgedanken der Gleichwertigkeit aller Menschen. Globale Freizügigkeit aber wiederum scheint den nationalen »Schutzraum« zu bedrohen. Und eine Weltregierung, die Rechte und Wohlstand global steuert, gibt es gerade nicht. Gäbe es sie, würde sie vermutlich momentan keine Politik im Sinne der Vielen machen, weil die Progressiven und Prekären weltweit, die das erstreiten müssten, so gut wie nicht vernetzt und organisiert sind. Wollen wir also den nationalen

»Schutzraum« einiger weniger aufrechterhalten und dafür auf Freizügigkeit für alle verzichten? Ich möchte hier für die gegenteilige Position streiten. Für globale Bewegungsfreiheit, also das Recht aller, sich ihren Wohnort frei wählen zu dürfen.

Ich möchte die globale Bewegungsfreiheit im Folgenden unter anderem mit Argumenten begründen, die der Torontoer Politikwissenschaftler Joseph H. Carens schon in den 1980ern herausgearbeitet hat und die 2017 im Sammelband *Ethik der Migration* erneut veröffentlicht wurden.[95] Carens versteht sich als liberal und wendet sich in seinem Text *Ein Plädoyer für offene Grenzen* vor allem auch an andere Liberale und diejenigen, denen der Wert der Freiheit wichtig ist.

Ein Argument nach Carens: So wie die Geburtsprivilegien von Angehörigen des Adels gegenüber Bauernfamilien in früheren Zeiten oder die Geburtsprivilegien von Männern gegenüber Frauen sind auch Geburtsprivilegien von Angehörigen reicher Staaten gegenüber denen aus armen Staaten moralisch unverdient. Wer in Pakistan das Licht der Welt erblickt, hat weniger gute Lebensperspektiven als eine Person mit deutschem Pass. Staatliche Grenzkontrollen fesseln die Menschen an Orte wie früher an Standeszugehörigkeiten, machen es ihnen »extrem schwer, diesen Nachteil zu überwinden, gleichgültig, wie begabt sie sind oder wie hart sie arbeiten«.[96] Globale Freizügigkeit zu unterbinden, indem reiche Staaten sich abschotten und Menschen aus ärmeren Gegenden den Zugang verweigern, ist politisch nicht zu rechtfertigen, so Carens, es trägt vielmehr wesentlich dazu bei, Ungerechtigkeiten zu festigen, die durch den Zufall der Geburt entstehen. Reiche Staaten haben vielmehr die moralische Pflicht, die Lebenschancen auszugleichen und alle Menschen zu berücksichtigen, die von ihrer Politik betroffen sind.[97] Ein anderes Argument nach Carens: So wie wir innerstaatliche Bewegungsfreiheit für eine fundamentale Freiheit halten und ohne Grenzkontrollen von NRW nach Schleswig-Holstein ziehen können, sollten wir auch die Freiheit, uns über Staatsgrenzen hinweg bewegen zu können, als fundamentale Freiheit betrachten.

Erwartbar gibt es gegen globale Bewegungsfreiheit Einwände. Carens wiederlegt mehrere davon, ich gehe hier nur auf wenige ein, unter anderem auf einen, den auch einige Linke bringen, insbesondere Teile der Linkspartei: Offene Grenzen würden vor allem den Reichen in den armen Ländern die Flucht ermöglichen. Das stimmt. Und tatsächlich ist es wichtig, die globale Ungleichheit auch mit anderen Mitteln zu beseitigen, offene Grenzen sind dafür nicht die einzige Lösung. Sie würden die Ungleichheit aber verringern. Alle hätten schließlich jederzeit die Möglichkeit, zu gehen und sich einen Wohnort ihrer Wahl zu suchen. Will ein Staat nicht menschenleer sein, muss er attraktive Lebensbedingungen schaffen. Viele halten außerdem nur dadurch, dass sie migrieren, also ein *Recht zu gehen* konstatieren, ihre Angehörigen, die Verbleibenden, mit Geldtransfers aus dem Ausland am Leben.

Ein anderer Einwand ist grundsätzlicher, er lautet: »Ich kann doch auch nicht einfach in die USA auswandern.« Aus einer liberalen Perspektive ist dieser Gedanke merkwürdig, wie Carens analysiert. Liberale sollten grundsätzlich erstmal nicht Freizügigkeit für rechtfertigungsbedürftig halten, sondern eine Grenzziehung. Und vermutlich hielten heute schon die meisten jungen Menschen innerhalb privilegierter EU-Staaten es für äußerst rechtfertigungswürdig, wenn sie für einen Umzug von Köln nach Toulouse eine Genehmigung oder ein Gerichtsurteil von deutschen und französischen Behörden erstreiten müssten. Viele andere aber haben sich daran gewöhnt, Grenzkontrollen als etwas Gegebenes anzusehen, so Carens. Sie haben verlernt, »was es heißt, als freie Person« zu denken.[98] Sie seien wie der ehemalige Häftling im Film *Die Verurteilten*: Am ersten Tag in Freiheit fragt er seinen Chef, ob er aufs Klo gehen kann, woraufhin dieser ihm versichert, er müsse nicht um Erlaubnis für eine Toilettenpause bitten.

Ein weiterer häufiger Einwand gegen globale Bewegungsfreiheit lautet, es reiche völlig aus, sich innerhalb eines Staates den Wohnsitz aussuchen zu können. Das ist, wie Carens beschreibt, die Perspektive reicher Staaten wie der Bundesrepublik mit ihren vielfältigen sozialen, ökonomischen und politischen Möglichkeiten, es ist nicht die Perspektive von Menschen auf den Fidschi-Inseln. Darüber hinaus gewähren wir sogar jenen die Möglichkeit, ohne Genehmigung, Richtervorbehalt oder Strafandrohung aus ihrer Region wegzuziehen, deren Region vielfältige soziale, ökonomische und politische Möglichkeiten *hat*, wie zum Beispiel Menschen, die von Bayern nach Sachsen ziehen wollen.

Die Frage nach globaler Bewegungsfreiheit muss die Sicht aller miteinbeziehen, analysiert im gleichen Band wie Carens, aber aus demokratietheoretischer statt liberaler Perspektive, der Politikwissenschaftler Arash Abizadeh aus Montreal.[99] Nach demokratischem Verständnis müssen über staatliche Maßnahmen alle entscheiden, die dem staatlichen Zwang ausgeliefert sind. Also auch diejenigen an den Grenzposten, die den Gewehren, Befragungen, Abweisungen, Sperranlagen ausgesetzt sind. Die Idee, nur der Club derjenigen drinnen könne über Grenzfragen entscheiden, ist demokratietheoretisch nicht legitimierbar, weil das dem Zwang ausgesetzte *demos* hier nicht begrenzt ist.

Wie? Alle reden mit? Das fragen sich bei solchen Argumentationen viele in den privilegierten Regionen. Ich möchte hier nochmal auf die Perspektive eben jener Gewinner*innen der Pässe-Lotterie eingehen. Tatsächlich sind viele der Rechte, die Menschen in westlichen Industrienationen heute haben – wie gleiche Rechte für Männer und Frauen, freie Wahlen oder Arbeitsschutzrechte – über nationale Parlamente eingeführt worden. Teile davon werden aber gerade auch wieder über diese nationalen Parlamente abgeschafft: So die Errungenschaft des Acht-Stunden-Tags, die die Regierung aus Konservativen und Rechten in Österreich auf eine mögliche Arbeitszeit von zwölf Stunden ausgeweitet hat. Oder die Errungenschaft weitgehender Freiheit vor staatlicher Willkür, die durch die Ausweitung der Polizeiaufgaben in allen deutschen Bundesländern bis auf Thüringen sowie durch die Aufhebung der Gewaltenteilung in Ungarn wieder beeinträchtigt ist.

Jener vermeintliche nationale »Schutzraum« kann also schnell ein »Gefahrenraum« sein, den zu verlassen alle das Recht haben müssen, das »Recht zu gehen« (Michael Blake),[100] wenn sie sich nicht mehr mit der staatlichen Gemeinschaft oder deren Zielen identifizieren. Dieses »Recht zu gehen« bringt natürlich nur etwas, wenn ich auch woanders hingehen kann. Menschen in reichen Staaten sollten also auch aus eigenem Interesse eine globale Freizügigkeit wollen.

Alle, die an der Emanzipation der Unterdrückten interessiert sind, haben noch einen Grund, für globale Freizügigkeit zu sein, wie die Journalistin Nelli Tügel richtig analysiert.[101] Sie weist darauf hin, dass wir historisch betrachtet viele Rechte nur haben, weil Prekäre in vielen Regionen gleichzeitig aufbegehrten. Ebenjener Acht-Stunden-Tag war zwar national durchgesetzt worden, aber vorher als weltweite Kampagne angelegt. Wir wissen nicht, welche Rechte wir hätten, gäbe es globale Freizügigkeit. Wie wären die Löhne in Pflege und auf dem Bau, wenn alle frei migrieren und überall legal arbeiten könnten? Wer würde für welchen Lohn putzen, wenn die Optikerausbildung von Pauls Freundin Marilena in der Bundesrepublik anerkannt wäre?

Für ein globales Bewegungsrecht zu sein wäre also auch für die heute Privilegierten sinnvoll, wenn sie eine Chance auf Emanzipation haben möchten, darauf, gemeinsam die globalen Interessen wie gute Lebensbedingungen, Freiheit von Repression und ein Abmildern der Klimakrise zu verteidigen. Auch die Idee globaler Freizügigkeit ist also nicht nur eine Idee in *radikal bunt*, sondern auch in *tiefrot*. Die aus der Antike stammende, im Humanismus und in der europäischen Aufklärung des 18. Jahrhunderts verbreitete Idee von Weltbürgern und Kosmopoliten und einer Weltbürgerschaft geriet ab dem späteren 19. Jahrhundert mit den erstarkten nationalistischen Bewegungen und den nationalistisch geprägten Konflikten und Weltkriegen des 20. Jahrhunderts aber in Vergessenheit.[102] Heute scheint sie, obwohl die liberale Erzählung vorgibt, alles sei dynamischer, mobiler, flexibler und vielfältiger denn je, nicht durchsetzbar.

Ein Minimalprogramm in Richtung einer globalen Bewegungsfreiheit aller hingegen wäre sofort möglich. Nötige schnelle und effektive Schritte hat unter anderem der Marburger Politikwissenschaftler Fabian Georgi herausgestellt.[103] Die EU könnte das Dublin-System erweitern und asylsuchenden Menschen erlauben, sich wenigstens innerhalb der EU das Land ihrer Wahl auszusuchen, was sich über eine EU-Umlage finanzieren ließe. Interessant wäre dann, ob Staaten, in denen viele Menschen leben und sich engagieren und Steuern beitragen wollen, Geld von der EU bekämen oder Geld an die EU abgeben müssten. Darüber hinaus, so Georgi, müssten nationale und regionale Regierungen erste Schritte in Richtung von etwas mehr Bewegungsfreiheit gehen. So müsste die deutsche Bundesregierung die asylpolitischen Maßnahmen der letzten Jahre sofort rückgängig machen, vor allem das Recht auf Asyl wieder individuell und nicht über das Prinzip »sicherer Herkunfts- und Drittstaaten« prüfen. Und sie müsste das Visumprinzip beenden, so dass Menschen gefahrlos in Flugzeugen und seetüchtigen Fähren nach Europa gelangen können, anstatt in der Sahara zu verdursten oder im Mittelmeer unterzugehen. Landesregierungen müssten Arbeitsverbote, Lagerunterbringung und Residenzpflicht abschaffen. Daneben müssten Regierungen, Behörden, Gerichte, Betriebe und Einzelpersonen Zwangsausreisen von Menschen zu den Orten, von denen sie geflohen sind, in großem Maße unterbinden, wie es Einzelne schon seit Jahren tun. Pfarrer*innen gewähren Kirchenasyl, Pilot*innen haben 2017 in der Bundesrepublik 300 Abschiebungen verhindert, ebenso Passagier*innen – wie die junge Elin Ersson am Flughafen Göteborg, deren Live-Video davon viral ging –, indem sie vor Abflug im Flugzeug aufstehen und erst aussteigen, wenn die zwangstransportierte Person mit aussteigt. Ein möglicher Schritt in Richtung globaler Bewegungsfreiheit wäre außerdem, den asylsuchenden Menschen auch ohne Aufenthaltserlaubnis schon jetzt soziale und politische Rechte zu gewähren: das Recht, Schulen und Universitäten zu besuchen, zu arbeiten, sich in Gewerkschaften zu organisieren.

Jenseits dieser generellen sowie spezifischen EU-, Bundes- und Landesentscheidungen haben aber auch Städte und Kommunen Handlungsspielräume. Gerade die sich jetzt als *Solidarity*-, *Rebel*-, *Zufluchts*- oder *Sanctuary City* erklärenden Städte und die schon seit Jahrzehnten ambitionierten *Transition Towns* können mit kommunalen Maßnahmen Leben verbessern und erhalten. Wo können sie ansetzen?

Zum einen vor der Flucht. Um Menschen gar nicht erst dazu zu zwingen, ein *Recht zu gehen* durchsetzen zu müssen, können Ökodörfer, *Klima-Bündnis*-Städte, *Fairtrade*-Städte und einzelne öffentliche und private Einrichtungen eine ernsthafte Umwelt-, Energie-, Wirtschafts- und Entwicklungspolitik betreiben, die keine Krisen, Kriege und Katastrophen schafft. Sie können gute Lebens- und Produktionsweisen fördern sowie zerstörerische Industrien reduzieren, zum Beispiel die Ansiedlung von Rüstungsindustrie verhindern. Im Schwarzwald engagiert sich beispielsweise ein SPD-Stadtrat seit 2017 gegen eine geplante Munitionsfabrik: »Es war einfach nicht hinnehmbar, dass von Lahr aus Rüstungsgüter in die Welt gehen, die letztendlich den Tod für Menschen bedeuten.«[104]

Städte können keine Staatsangehörigkeit ausgeben. Aber sie können, wie *Urban-Citizenship*-Konzepte zeigen, die Rechte auf lokaler Ebene ausweiten, medizinische Hilfsstrukturen und Rechtsberatung für Illegalisierte finanzieren oder im Kleinen handeln, zum Beispiel Hausmeister von Flüchtlingsunterkünften anweisen, nur aufs Nötigste mit Abschiebebehörden zu kooperieren.[105] Vor allem Stadtstaaten wie Hamburg, Bremen oder Berlin können aber auch Handlungsspielräume im Migrationsrecht nutzen, wie die Hamburger Juristin Helene Heuser herausgearbeitet hat.[106] Sie können ihren Ausländerbehörden vorgeben, wie sie ihren Ermessensspielraum in Sachen Aufenthaltsrecht einsetzen, soweit das Bundesinnenministerium das nicht durch Allgemeine Verwaltungsvorschriften vorgibt. So waren in Hamburg von 2008 bis 2016 per Senatorenregelung Abschiebungen nach Afghanistan nicht möglich, wodurch rund tausend Menschen eine Aufenthaltserlaubnis bekamen.

Auch die Bremer Ausländerbehörde beschloss 2016, Menschen aus Afghanistan eine Aufenthaltserlaubnis zu gewähren.

Das neue Souveränitätsbestreben der Städte ist eine globale Bewegung der letzten Jahre. Manche Bürgermeister*innen von Städten, die wie Neapel, Barcelona oder Palma de Mallorca am Meer liegen, ignorieren nationale Vorgaben von Grenzen einfach, indem sie wie 2018 und 2019 Seenotrettungsboote, die Staaten wie Malta und Italien vorher nicht anlegen ließen, mit offenen Armen empfangen, oder auch indem sie den Geflüchteten entgegen der nationalen Vorgabe kostenlos Gesundheitsversorgung gewähren. Doch auch Städte fern des Mittelmeers versuchen seit 2018, sich von nationalem Recht zu emanzipieren. So schrieben die Regierungen von Köln, Bonn und Düsseldorf an Kanzlerin Merkel, sie möge die Seenotrettung wieder ermöglichen. Sie teilten ihr mit, dass sie, die Städte, die Geretteten bei sich wohnen lassen würden. Auch weitere Städte wie Freiburg, Magdeburg und Potsdam wollen Geflüchtete aufnehmen. Darunter sind Bürgermeister*innen aus CDU und SPD; in diesem speziellen Fall der Zufluchtsstädte gibt es keine parteipolitische Linie. In einem internationalen Manifest fordern seit 2017 außerdem Bürgermeister*innen von elf Städten sowie Intellektuelle wie die Politikwissenschaftlerin Gesine Schwan die EU auf, einen Fonds für Kommunen einzurichten, die geflüchtete Menschen aufnehmen wollen. Ihnen ist klar, dass nach aktuellem Recht die nationalen Regierungen zustimmen und damit ihre Entscheidungshoheit abgeben müssten. »Doch hier liegt die Chance der Europäischen Union – sie könnte den Gemeinden finanziell helfen. Die Regierung wird den Gemeinden nicht öffentlich verbieten, Geld anzunehmen«, so Schwan.[107]

Was das eine große Thema der entstehenden solidarischen Städte angeht, die Ausweitung globaler Bewegungsfreiheit, so sind die Städte über Gesetze und Finanzen zwar stark an die Vorgaben von EU und nationalen Regierungen gebunden. Sie weiten aber gerade ihre Spielräume aus, und ihr Versuch der Emanzipation transnationalisiert sich. Wie sehen Entwürfe einer freien Wohnortwahl in dem anderen großen städtischen Spielfeld aus, der Frage nach *bezahlbarem Wohnraum*?

12. Mai 2012, Madrid, Arbeiterviertel Carabanchel

»Die Häuser denen, die drin wohnen«, rufen rund hundert Menschen von der Straße aus der 62-jährigen Altenpflegerin Noemí Sarango zu. Sie wohnt oben im zweiten Stock eines einfachen Wohnhauses. Noch. Denn heute Vormittag soll ihre Wohnung zwangsgeräumt werden. Zwei Gerichtsvollzieherinnen und ein Bankvertreter sind da, sie sollen Sarango aus der Wohnung holen und das Türschloss auswechseln. Die Demonstrierenden waren aber vor dem Banker und den Gerichtsvollzieherinnen vor Ort und behindern mit ihrer Anwesenheit und ihren Gesängen den Weg zur Wohnung. Noemí Sarango hört die Demonstrierenden, die sie unterstützen wollen, kann aber nicht ans Fenster treten, sie ist zu aufgewühlt. Ihr Sohn Carlos Sarango steht unten auf der Straße im Tumult.

Er beobachtet den Bankvertreter, der nun jemand Vorgesetzten anruft. Der oder die muss entscheiden, ob Polizei zur Räumung angefordert oder die Räumung abgeblasen wird. Carlos Sarango versucht, das Gespräch mitzuhören. Sollten seine Mutter sowie seine ebenfalls in der Wohnung lebende Schwester und seine Tante heute die Wohnung verlassen müssen, werden alle drei zu ihm ziehen, dann würden sie zu sechst auf 60 Quadratmetern leben. Der Zwangsräumungstermin ist einer von über tausend pro Woche in diesen Jahren und ein typischer Fall in dieser Zeit.[108]

Wenige Tage vor dem Räumungstermin blättert Noemí Sarango in den Akten der Bank. Die Banesto-Bank hatte ihr die Wohnung 2007 zum Kauf angepriesen, 240.000 Euro hat sie damals, in den Boomjahren, für die einfache 60-Quadratmeterwohnung im Arbeiterviertel Carabanchel verlangt. Dabei wollte Noemí Sarango eigentlich gar keine Wohnung, erklärt ihre Tochter, aber die Bank hat sie überredet. Zins und Tilgung konnte sich Sarango mit ihrem Einkommen als Altenpflegerin allein nicht leisten. Doch die Bank schlug vor, ihr Schwager könne für einen Kredit bürgen, dem wiederum schlug die Bank das gleiche Geschäft umgekehrt vor, auch er solle eine Wohnung kaufen, seine Schwägerin könne für ihn bürgen. Sarango durfte den Vertrag nicht zum Prüfen mit nach Hause nehmen, sie sollte in den Bankräumen entscheiden. Viele ihrer Bekannten hatten gerade eine solche Hypothek aufgenommen, vor allem den vielen Migrant*innen hatten die Banken während der Immobilienblase erklärt, solche Finanzgeschäfte seien in Spanien ganz üblich. Sarango ist aus Quito in Ecuador, mit der spanischen Finanzwelt nicht vertraut, sie glaubt der Bank und unterschreibt. »Am Anfang konnte meine Mutter noch zahlen«, sagt ihre Tochter. »Bis zu 1500 Euro im Monat. Weil mein Cousin hier gelebt und mit den Raten geholfen hat, und meine Schwester hatte auch noch eine Arbeit. Als die weggefallen sind, konnte meine Mutter nicht mehr zahlen.« Sarangos Familie geht es wie vielen. Um 2008 platzte die Immobilienblase, Wirtschafts- und Finanzkrise folgen, meistens haben die Familienmitglieder zusammengelebt und gemeinsam die Raten gezahlt. Verloren manche ihre Arbeitsstelle, konnten sie der Bank nicht mehr alles zahlen. Sarango soll deshalb nun an diesem Vormittag im Mai 2012 aus der Wohnung. Hinzu kommt bei allen Fällen: Nach dem Platzen der Blase glaubte niemand mehr an den Wert spanischer Immobilien, die Bank bewertete Wohnungen wie die von Sarango nur noch mit einem Bruchteil des Kaufpreises aus der Boomzeit, so schulden fast alle den Rest des Kredits der Bank, auch wenn sie die Wohnungen zurückgeben. Wenn Sarango heute die Wohnung verlassen sollte, ist sie also wohnungslos und hat noch 200.000 Euro Schulden. Der Bankvertreter telefoniert immer noch mit seinem Vorgesetzten. Carlos Sarango versucht zuzuhören, was die Bank entscheidet.

So viele Zwangsräumungen wie in Spanien gibt es in den meisten westlichen Industrienationen nicht, und die Gründe für diese sind sehr spezifische. Doch auch in Städten an anderen Orten schaden Verdrängung und Wohnungsnot den Menschen gesundheitlich, sozial und ökonomisch. Wer nach dem Zwangsumzug eine Dreiviertelstunde weg vom alten Viertel wohnt, kann Beziehungen zu Freundinnen, Nachbarn oder Familie verlieren. Pendeln vom Stadtrand zum Halbtagsjob im Zentrum lohnt sich für viele nicht, vor allem Frauen mit Kindern bleiben häufig zu Hause, werden arm oder finanziell abhängig von Mann, Eltern oder Jobcenter. Wegen nicht bezahlbarer Mieten müssen Kinder aus ärmeren Milieus Studienplätze an den oft prestigeträchtigeren Unis der Großstädte oder Ausbildungsplätze bei angesehenen Betrieben aufgeben, um in eine günstigere Kleinstadt zu ziehen. Wer zwar noch eine Wohnung hat, aber wenig Einkommen, gibt ein Drittel bis die Hälfte davon für Miete aus und verzichtet auf ein gutes und gesundes Leben, auf Kinobesuche, gute Ernährung, Urlaub, ein eigenes Zimmer. Auch beengte und schlechte Wohnverhältnisse wie Schimmel, Enge, Lärm, Schmutz und fehlende Selbstbestimmung machen krank. Im Extremfall bedroht Wohnungsnot das Leben – das von Obdachlosen unmittelbar, das von anderen mittelbar: zum Beispiel, wenn dringend benötigte Berufsgruppen wie Pflegekräfte sich das Wohnen in Großstädten nicht leisten können und in der Folge Krankenhäuser wegen Personalmangels Schwerkranke abweisen und Notaufnahmen schließen, wie 2018 die Haunersche Kinderklinik in München.[109]

Die bisherigen neoliberalen Deutungen vermitteln das Bild, steigende Mieten seien ein quasi natürlicher Prozess, Wohnraum sei schließlich rar, Löhne stiegen ja auch irgendwie, und Brot und Butter würden auch irgendwie teurer. Oder sie erzählen, dass Wohnraum deshalb teurer werde, weil sich Bevölkerungsstruktur und Milieu eines Viertels änderten. Dabei erhöhen natürlich nicht Künstlerinnen und Studenten, die in einen Stadtteil ziehen, die Mieten, sondern Immobilienunternehmen: Sie erhöhen ihre Rendite, indem sie Wohnraum nach Sanierungen wesentlich teurer vermieten oder einen häufigen Wechsel der Bewohner*innen forcieren, weil sie so schneller höhere Mieten verlangen können als bei Mietsteigerungen innerhalb bestehender Verträge. Natürlich lässt sich mit neuen Kneipen und Galerien und dem sich wandelnden Flair eines Stadtviertels besser begründen, dass die Lebensqualität und damit die Mieten dort jetzt steigen, und tatsächlich zieht das auch Menschen mit mehr Geld an. Das kulturelle Kapital in Wert zu setzen ist aber trotzdem ein Akt, den Unternehmen der Wohnungswirtschaft erst vollziehen müssen – und vollziehen dürfen müssen.

Dass Immobilienunternehmen heute so weitgehend freie Hand bei der Inwertsetzung von Wohnraum haben, liegt in der Bundesrepublik vor allem an der seit den 90er Jahren geänderten Wohnungspolitik.[110] So wie sich grundsätzlich die Idee etablierte, Infrastrukturen, Güter und Dienstleistungen marktwirtschaftlich zu organisieren, sollte auch der Wohnraum gestaltet werden. Bund, Länder und Kommunen verkauften Wohnungsbestände oder öffentliche Anteile daran an privatwirtschaftliche Unternehmen – von 1995 bis 2010 wurden so über eine Million Wohnungen privatisiert. Auch die Wohnungsbestände ursprünglich öffentlicher Betriebe wie Post und Bahn wurden mit deren Privatisierung auf den Markt getragen. Parallel dazu schaffte die Bundespolitik 1989 die Auflage der Gemeinnützigkeit von Wohnungen ab, auch der öffentlichen Wohnungen. Diese hatte unter anderem vorgesehen, dass Gewinne nur zu vier Prozent gegenüber dem Eigenkapital ausgeschüttet werden können – nun wurden diese öffentlichen Wohnungsbestände ebenfalls handelbares Marktgut. Auch die Förderprogramme für sozialen Wohnungsbau wurden in den letzten Jahrzehnten gekürzt, in Berlin seit Anfang der 2000er Jahre sogar ganz eingestellt.

Heute erfüllt Wohnraumpolitik also weniger unser Bedürfnis nach bezahlbarem und gutem Wohnen als die Gewinnerwartungen der Wohnungsunternehmen. Muss das so sein? Gibt es Ideen, die gutes Wohnen für möglichst viele vorsehen?

Die Stadt von morgen mit bezahlbarem Wohnraum muss keine Utopie bleiben, sagt der Berliner Stadtforscher Andrej Holm.[111] Bezahlbarer Wohnraum ist machbar und sinnvoll. Dazu müssen wir allerdings die Art von Wohnungsbau fördern, die die Menschen brauchen, statt eine Art von Wohnungsbau, die den Wohnungsunternehmen hohe Erträge bringt. Es gibt viele Ideen und Methoden für bessere Wohnbedingungen. Ich möchte hier aber besonders auf ein Konzept eingehen, das Holm zusammen mit den Stadtforscherinnen Sabine Horlitz und Inga Jensen vorschlägt: die »Neue Wohnungsgemeinnützigkeit«. Das Konzept sieht vor, diejenigen Wohnungsunternehmen zu fördern, die mit Bestand und Neubau gemeinwohlorientiert statt gewinnorientiert arbeiten. Gemeinwohlorientiert hieße, den Gewinn zu beschränken – Holm und die anderen schlagen zwei bis vier Prozent vor – und den Überschuss für Instandhaltung oder Neubau zurückfließen zu lassen. Die Mietpreise müssten außerdem dauerhaft festgelegt und vom Einkommen abhängig sein. Die Bewohner*innen müssten über Mieterräte mitbestimmen dürfen, und vor allem müsste an Menschen mit wenig Einkommen vermietet werden. Dafür würden diese gemeinnützigen Wohnungsunternehmen von der Gesellschaft bessergestellt als gewöhnliche Marktteilnehmer. Sie erhalten Vorteile wie Steuerbefreiungen und privilegierten Zugang zu Grundstücken, können zum Beispiel kommunale Grundstücke pachten. Und sie erhalten zinsfreie Darlehen, zum Beispiel von der staatlichen Förderbank Kreditanstalt für Wiederaufbau. Anders als bisherige soziale Wohnungsbauprogramme mit zeitlich befristeten Sozialbindungen müssten die Wohnungen nach der »Neuen Gemeinnützigkeit« dauerhaft gebunden sein. Mit diesen Maßnahmen wären, so Holm, Horlitz und Jensen in ihrer Studie, Mieten von unter fünf Euro pro Quadratmeter möglich, statt wie heute häufig weit über zehn Euro, die oft nötig sind, um die Baukosten wieder einzunehmen.

100.000 dauerhaft erschwingliche Wohnungen könnten mit einem Jahresbudget von sechs Milliarden Euro jedes Jahr gebaut werden. Sechs Milliarden klingt nach viel Geld. 15 Milliarden Euro aber zahlen Bund und Kommunen aktuell jedes Jahr an die private Wohnungswirtschaft – über Wohngeldzuschüsse und Unterkunftskosten für Menschen, die sich deren Mieten nicht leisten können.[112] Die sechs Milliarden Euro für gemeinnütziges Wohnen jährlich würden hingegen der Gemeinschaft zugute kommen, und es würde noch Geld übrig bleiben. Auch aus Sicht der öffentlichen Haushalte wäre eine Gemeinnützigkeit von Wohnraum also sinnvoll.

Ist es wahrscheinlich, dass ein solches Konzept umgesetzt wird? Der zuständige Ausschuss im Bundestag diskutierte das Konzept 2016, bislang sind aber nur LINKE, Grüne, Teile der SPD sowie Mieterbund, Deutscher Städtetag und DGB offen dafür, die anderen Parteien sowie die Verbände der Wohnungsbau- und Immobilienunternehmen nicht. Auf Bundesebene sind die Aussichten also schlecht. Denkbar wäre aber unter Umständen ein Pilotprojekt in Berlin, dessen rot-rot-grüne Regierung Holm auch berät. Darüber hinaus sind Wohnungsunternehmen, auch wenn das Konzept der »Neuen Gemeinnützigkeit« nicht in Form von Gesetzen festgeschrieben wird, natürlich heute schon frei, einzelne oder alle dieser Kriterien anzustreben. Und in ähnlicher Form wäre die Idee der Gemeinnützigkeit auch von anderen Staaten oder dortigen Kommunen umsetzbar.

Davon abgesehen gibt es viele weitere Methoden, Wohnraum für sehr viel mehr Menschen erschwinglich zu machen, als es heute der Fall ist. Die Mietpreise stärker begrenzen, Modernisierungen noch weniger auf Mieter*innen umlegen, mehr Stadtteile mit »Milieuschutz« versehen, also noble Aufzüge, Zweit- und Drittklos und ausladende Terrassen verbieten. Möglich wäre auch, die Warmmiete auf ein Drittel des Einkommens zu begrenzen. Grundsätzlich wäre wesentlich mehr öffentlicher Wohnungsbau sinnvoll, wie im ehemals »roten« Wien, wo in den 20er und 30er Jahren eine sozialdemokratische Kommunalpolitik umfassenden sozialen Wohnungsbau umsetzte. Dort sind noch heute 60 Prozent aller Mietwohnungen gefördert oder in öffentlichem Eigentum und Sozialwohnungsmieten dauerhaft auf 4,50 Euro pro Quadratmeter gedeckelt. Würde Wien weiter, entgegen dem EU-Fiskalpakt, der das jetzt verhindern soll, in öffentlichen Wohnungsbau investieren, könnte das auch so bleiben. Einige österreichische Kommunen legen außerdem

Widmungspreise fest: Sobald Ackerland zu Bauland wird, wird ein fixer Verkaufspreis im Grundbuch festgesetzt, was Spekulation mit dem Boden verhindert. Darüber hinaus gibt es viele zivilgesellschaftliche Ideen für ein besseres Wohnen; beispielsweise die, über Volksbegehren große renditeorientierte Wohnungswirtschaftsunternehmen zu enteignen oder über Mietergewerkschaften und gemeinsames Nicht-Bezahlen der Miete Wohnbedingungen mitzubestimmen.

In den letzten Jahren machen vor allem spanische Städte, von denen sich viele den neuen solidarischen Stadtnetzwerken angeschlossen haben, eine neue und bedürfnisorientierte Wohnraumpolitik. In Barcelona versucht die Stadtverwaltung, mehr sozialen Wohnraum zur Verfügung zu stellen, verlangt von Banken hohe Geldstrafen, wenn sie ihre Wohnungen leerstehen lassen, die Regierung stoppte vorübergehend den Hotelbau, um den städtischen Raum denen zur Verfügung zu stellen, die langfristig dort leben. Auch die Regierungen von Palma de Mallorca und Madrid machen eine Wohnraumpolitik für die Vielen, ahnden Wohnraumspekulation und beschränken kurzfristige Untervermietungen über Ferienwohnungsportale.

Madrid, Carabanchel, 2012

Carlos Sarango lauscht noch immer dem Telefonat des Bankers und der Entscheidung, ob seine Mutter heute aus der Wohnung muss.

»Was ist los? Was ist los, dass wir keine Häuser mehr haben?«, rufen die Demonstrierenden unter dem Fenster, teils Aktivist*innen, teils Menschen aus der Nachbarschaft, ein paar selbst betroffen. Dass sie heute hier sind, liegt daran, dass sich die Hypotheken-Betroffenen seit 2009 auf einer Plattform zusammengetan haben, Aktivist*innen unterstützen sie. Entscheidend für die Stärke der Bewegung ist, dass nicht die Aktivist*innen hier führend sind, sondern die Betroffenen sich in erster Linie gegenseitig helfen. Die Alten erklären den Neuen, die sich oft für Schulden und Wohnungsnot schämen, dass sie nicht selbst schuld sind, sondern es vielen so geht, sie keine

Fehler gemacht haben, vielmehr Immobilienwirtschaft und Banken sie in diese Situation hineingedrängt haben. Die Zwangsräumungen waren neben Korruption und Kürzungen in Gesundheit und Bildung *das* Thema der Krisenproteste 2011 und 2012 in Spanien, zu denen Hunderttausende, teilweise über Wochen, die Straßen und Plätze besetzten.

Vor Sarangos Wohnung sind jetzt nur ein paar von ihnen. Der Bankvertreter legt auf und spricht mit den Gerichtsvollzieherinnen.

Carlos Sarango kann es hören und wendet sich nach wenigen Sekunden den Demonstrierenden und dem Fenster seiner Mutter zu. »Eine gute Nachricht für uns! Wir können bis Mitte Juli bleiben!«

»Nachbarin, Nachbarin, du bist nicht allein« rufen alle im Chor, sie gucken hoch zum Fenster von Noemí Sarango. Klatschen, Jubeln.

Nach wenigen Minuten tritt sie ans Fenster und winkt den Demonstrierenden mit einem weißen Taschentuch zu, sie weint.

Der Bankvertreter und die Gerichtsvollzieherinnen fahren weg. Sie werden in zwei Monaten wiederkommen, wenn vielleicht keine Demonstrierenden da sind. Aber bis dahin hat Sarangos Enkelin die Schule abgeschlossen. Und es ist erstmal Zeit gewonnen, um weiter mit der Bank zu verhandeln und Druck auf die Regierung zu machen. Denn die Räumungen sind zwar so viele, dass nur bei einem Bruchteil protestiert werden kann, die Bewegung der Hypotheken-Betroffenen schafft es in diesen Jahren aber, die Situation für die Betroffenen generell etwas zu verbessern. Zum einen versuchen sie, soziale Mieten mit den Banken zu verhandeln. Außerdem stärken sie sich und schaffen es, eine europaweite Öffentlichkeit für das Thema herzustellen. Teilweise klagen sie auch erfolgreich: 2013 urteilt der Europäische Gerichtshof für Menschenrechte, spanische Richter*innen müssten künftig mehr Macht haben, Zwangsräumungen zu stoppen, da die spanischen Gesetze gegen eine EU-Direktive zum Schutz der Verbraucher vor missbräuchlichen Vertragsklauseln verstießen. Das Urteil ist ein Schlag ins Gesicht der damaligen konservativen Regierung, aber auch der Sozialisten, die zuvor regierten, denn auch sie unternahmen nichts gegen die Methoden der Banken und gegen die Zwangsräumungen, die einige Menschen in den Suizid trieben. Ihre Erfolge geben der sozialen Protestbewegung der Jahre 2011 und 2012 Kraft. Und in einigen Kommunen mit progressiven Regierungen stehen heute bei Zwangsräumungen auch Bezirksbürgermeisterinnen und Dezernenten neben den Betroffenen und Aktivisten vor den Haustüren, sprechen mit Polizei und Justiz oder wenden über Verwaltungswege die Räumungen ab.

Wohnraumpolitisch und migrationspolitisch entsteht in einigen der neuen sich als solidarisch verstehenden Städte also eine stärker bedürfnisorientierte Politik. Dass besonders spanische Städte sich an den Städtenetzwerken beteiligen, ist kein Zufall und führt zu einem dritten und letzten Merkmal, das die Idee solidarischer und rebellischer Städte für die Suche nach einer linken Erzählung bedeutend macht. Die Protestbewegung in Folge der Finanz- und Wirtschaftskrise wandert von den Straßen und besetzten Plätzen in die Stadtteile und Parlamente. Die Menschen *organisieren sich*. In Nachbarschaftshilfen, Stadtteilinitiativen und Solidaritätseinrichtungen. Und: Neue sogenannte »Wahlplattformen« entstehen, wo Anwohner*innen eines Stadtteils unabhängige Kandidat*innen auf Listen wählen können. Für die Kommunalwahlen 2015 tun sich diese Listen mit linken Parteien zusammen, teilweise mit der 2013 entstandenen PODEMOS. In Barcelona, Madrid, Valencia, Zaragoza, Cádiz und vielen weiteren Städten gewinnen diese Listen links der Sozialdemokratie und stellen die Regierung. In Barcelona kommt mit Ada Colau eine Aktivistin gegen Zwangsräumungen ins Bürgermeisteramt. Ihre Politik für erschwinglichen Wohnraum und die Aufnahme von Geflüchteten stößt auf Widerstände von Unternehmen, sie ist mit Verwaltungen und Behörden konfrontiert, die von Rechtskonservativen dominiert werden, und sie geht viele Kompromisse ein. Sie macht auch Fehler, spricht sich zum Beispiel nicht für eine Erhöhung der

Löhne der U-Bahn-Mitarbeitenden aus und missachtet, dass nicht alle ihre Umstellung der kommunalen Energieversorgung auf Energie aus Sonnenlicht und Müllverbrennung gut finden, weil viele an den Giften der Müllverbrennung leiden. Ihre lokale Politik ist außerdem sehr begrenzt, denn gesellschaftlich integrative Politik zu machen ist schwer, wenn nationales Recht Menschen wegen ihres Aufenthaltsstatus Bürgerrechte verwehrt. Unwirksam aber ist sie nicht. Colau gelingt es sogar, über die Stadt hinaus zu wirken. Mit ihrer Politik der Zufluchtsstadt beeinflusst sie die Haltung der spanischen Zentralregierung und bringt den damaligen konservativen Ministerpräsidenten Mariano Rajoy dazu, im Europäischen Rat einer höheren Flüchtlings-Aufnahmequote für Spanien zuzustimmen. Wenn auch sehr begrenzt, so machen die neuen linken Regierungen in spanischen Städten und Kommunen doch eine Politik, die stark an den Bedürfnissen möglichst vieler Menschen orientiert ist, anstatt unternehmerisch zu handeln und im Wettbewerb mit anderen Städten um die Privatwirtschaft zu buhlen, indem dieser möglichst geringe Besteuerungen und hohe Renditen versprochen werden.

Diese an den Bedürfnissen der Menschen, vor allem aber im Wege der neuen Beteiligungsformen durch die Menschen selbst geprägte Politik entsteht nicht nur in katalanischen und spanischen Städten. Auch in portugiesischen, italienischen, französischen, US- und lateinamerikanischen Städten konnten in den letzten Jahren lokale Wahlplattformen in Parlamente einziehen oder die Regierung stellen. Nicht zufällig entstehen diese neuen Mitbestimmungsformen sowie die jetzt ausgerufenen solidarischen Räume auf lokaler Ebene. Wenn Politik vielgestaltiger werden soll als eine bloße Stellvertretung durch Berufspolitiker*innen, denen viele längst »Ihr repräsentiert uns nicht« zurufen, wenn stattdessen mehr Menschen als bisher die Gesellschaft gestalten sollen, ist das nur lokal möglich, wie auch die Idee der *Care Revolution* zeigt: Hier können sie sich beraten, diskutieren, aushandeln, was sie zum besseren Leben brauchen. Einige beschreiben das mit dem Begriff des »Munizipalismus«[113]. Die Idee des Munizipalismus knüpft an die anarchistische Idee an, dass echte politische Teilhabe nur *face to face* möglich sei. Der Munizipalismus wurde und wird immer wieder von emanzipatorischen Bewegungen aufgenommen, von den Zapatistas, von Bask*innen, seit den 2010er Jahren von Kurd*innen und zuletzt von vielen Menschen in den neuen selbsternannten *Solidarischen Städten*. Über den Zusammenschluss von freien Gemeinschaften sollen möglichst viele Menschen Gesellschaft gestalten und nach ihren Vorstellungen entwerfen. Nach der Idee des Munizipalismus ist die lokale Ebene gerade in Übergangszeiten wichtig, wo sichergeglaubte Wahrheiten aufbrechen wie jetzt der Neoliberalismus, in Zeiten eines »Interregnums« (Antonio Gramsci), in denen große Teile der Menschen nicht mehr an das glauben, »woran sie zuvor glaubten«. Denn auf der lokalen Ebene trifft »der Staat« auf den Alltag der Menschen. Hier werden Fragen von Gleichheit oder Ungleichheit, Versorgung oder Armut, Bleibeperspektive oder Verdrängung erfahrbar. Hier können sich Menschen neu organisieren, mit neuen Formen der Teilhabe experimentieren, die dann abstrahiert werden können. Die lokale Ebene bietet außerdem ein anderes Identifikationspotenzial neben dem Nationalstaat, was in Zeiten einer extrem rechten Alternative hilfreich sein kann. Die Theorie des Munizipalismus kennen vermutlich wenige, selbst unter denen, die sich lokal einbringen. Vielen wird die lokale Ebene einfach als diejenige erscheinen, wo sie sich konkret einmischen können, sich auskennen, Wirksamkeit erfahren. Manchen gilt sie pragmatisch gesehen auch einfach als der einzige verbleibende politische Raum, wo noch Handlungsspielraum besteht, wenn die nationalen Regierungen in Europa und den USA regressiver und autoritärer werden, und auch die internationalen Institutionen wie EU oder UN keine Alternative zu neoliberaler Wirtschafts- und Entwicklungspolitik und zu völkerrechtswidrigem Verhalten im Mittelmeer in Aussicht stellen.

Die Idee einer eigenständigen Politik jenseits von nationalem oder internationalem Regierungshandeln entsteht nicht nur dort, wo schon Wahlplattformen in Rathäusern sitzen, sondern auch in Städten mit klassischen Regierungsformen und etablierten Parteien an der Macht. Auch dort erklären Einzelpersonen, Initiativen, Betriebe, Kultureinrichtungen und Läden ihre Stadt zu einer *Solidarischen Stadt*. Die neuen Städtenetzwerke sind also einerseits Orte, an denen sich die Erzählung solidarischer Lebensweise umsetzen lässt. Andererseits sind sie selbst Teil einer politischen Erzählung: Solidarische und wirklich demokratische Politik braucht Möglichkeiten, sich lokal und weltweit vernetzt einzubringen.

Kann die Erzählung *der Solidarischen Städte und Kommunen* verfangen?

44 Prozent der über 14-Jährigen sind heute ehrenamtlich tätig, zehn Prozent mehr als vor 15 Jahren, sie engagieren sich in Sportverein, Schule, Kultureinrichtungen, sozialen Bereichen, Umweltschutz, Tierschutz, Feuerwehr, Kirche.[114] Das alles tun die Menschen trotz der vorherrschenden Erzählungen von Wettbewerb und Ausgrenzung. Solidarische Gemeinschaft auf lokaler Ebene knüpft also am tatsächlichen Alltag vieler Menschen an. Es handelt sich bei der Idee *Solidarischer Städte und Kommunen* auch um ein Konzept mit einem eigenen positiven Entwurf: Wird diese Idee aber immer wieder erzählt?

Vor allem in den letzten Jahren der zunehmend bedrängenden Gegenwart rufen, wie wir gesehen haben, Einzelpersonen und Initiativen *Solidarische Städte* aus. Teilweise erklären auch Autoritäten solidarisches Handeln auf kommunaler Ebene, wie die genannten Bürgermeister*innen, die die kommunalen Kompetenzen ausweiten wollen. Auch auf UN-Ebene kommen ihre Ideen mittlerweile an: Auf einer UN-Konferenz zu Nachhaltigkeit forderte Ada Colau 2018 im Namen der Initiative *Cities for Housing,* der Paris, New York, Mexico-City, Quito, Rabat, Guangzhou, London und andere Städte angehören, ein Ende der Spekulation mit Wohnraum und mehr Einfluss der Stadtverwaltungen auf Steuern, Abgaben und Stadtentwicklung. »Die Städte sind nicht die Straßen oder Gebäude, sondern die Summe ihrer Menschen.« Sie brauchten »Kooperation statt Wettbewerb« und eine »Feminisierung der Politik«. Berlins Bürgermeister Michael Müller (SPD) ergänzte: »Wir sind nicht länger bereit, unser Land zu verkaufen. Wir brauchen es für Mieter, nicht für Eigentümer.« Die Idee solidarisch handelnder Städte weitet sich also aus.

Doch bisher ist noch zu wenig bekannt, dass sehr viele Menschen bereits Teil einer solchen Erzählung sind, dass sie gemeinsame Anliegen haben und vernetzter handeln könnten. Diese gemeinsamen Anliegen und die globale Vernetzung allerdings sind in der Vermittlung wichtig. Denn sie unterscheiden global solidarisches Handeln von nationalistischen Gemeinschaften, die ebenfalls Solidarität und lokalen Bezug vorgeben, wie deutschnationale Sportgruppen, Festivals oder Kitas, und von religiös-fundamentalistischen Gruppen wie der Terrormiliz IS, die auch auf Gemeinschaft und lokale Hilfsangebote setzen. Das Lokale ist nicht notwendigerweise über das Lokale hinaus solidarisch.

Die Erfahrung aber, dass das ganze tägliche Engagement nicht vereinzelt stattfinden muss, sondern auch in einem globalen Zusammenhang steht, dass es politisch sein und werden kann, gute Lebensbedingungen zu praktizieren und zu verbreiten, ist wenig präsent. Zu lange haben uns Marktapologeten wissen lassen, die Welt sei komplex und wir alle seien Einzelheinze. Für diesen Teil der Erzählung gibt es bislang keine Autoritäten, den können wir nur selbst verbreiten. Ähnlich wie bei den entstehenden regional verorteten Räten sowie bei den vielen Einrichtungen solidarischer Ökonomie, wie den Landwirtschaftskooperativen, Repair Cafés, Gemeinschaftsgärten, nicht profitorientierten Freiräumen, Ökodörfern oder *Klima-Bündnis*-Städten, ist der Gedanke der Vernetztheit etablierungsbedürftig.

Mit der Idee eines *Buen Vivir*, also eines guten Lebens ohne Wachstumszwang und Imperialismus, sowie mit der Idee der *Care Revolution* haben die neuen *Solidarischen, Rebellischen* und *Zufluchtsstädte* außerdem gemein, dass es um ein *gutes Leben für alle* geht, um die Bedürfnisse der Mehrheit der Menschen. Darum, gut füreinander und die natürlichen Ressourcen zu sorgen, gut zu wohnen, verantwortungsvoll zu produzieren und alle, die sich dauerhaft an einem Ort aufhalten, am dortigen sozialen und politischen Leben teilhaben zu lassen. Vor allem haben die *solidarischen Städte*, die *Care Revolution* und *Buen Vivir* gemeinsam, dass sie mehr und neue Beteiligungsformen bieten, um Begehren und Bedürfnisse zu erfragen und auszuhandeln. Offene Wahlplattformen, *Care*-Räte, Ernährungsräte, Mieterräte, Energie-Tische und Pflege-Volksbegehren, die in den letzten Jahren entstehen, sind solche Versuche, Wünsche und Begehren zu wecken. Ihr Ausgang ist ungewiss. Begehren bringen Menschen aber auch andernorts zum Ausdruck.

Wer gehört wohin?
Eine Spurensuche am Kleiderschrank

> Ich date nur Androiden
> Janelle Monáe

Bärtige in Nylonstrümpfen

21. Juli 2018, Marienplatz München
»Willst du?«, fragt jemand und hält Holger eine Tube Glitzer vor die Nase. »Nein, danke, das kommt nachher automatisch.« Er lächelt unter seinem grauen Bart. Die Person neben ihm schüttet sich Glitzer ins Dekolleté und verteilt weiteren Glitzer in den Dekolletés und auf den Armen und Wangenknochen anderer. Holger hält einen Zettel in der Hand, in einer halben Stunde wird er davon seine Rede ablesen, unter anderem darüber, warum er sich als Diva, als feministische Schlampe und als non-binär versteht. Neben ihm auf einem LKW setzt eine DJane in einer goldenen Paillettenjacke einen Elektrobeat in Gang. Viele ziehen tanzend los. »Halt, die Plakate!« Holger gestikuliert wild. Die, die ihn sehen, nehmen sich noch welche. »Consent is sexy«, »My pussy my choice« oder »Ich hab nichts anzuziehen, was mich vor sexueller Gewalt schützt« haben er und andere gestern noch draufgeschrieben. 500 Leute tanzen jetzt dem LKW und einem Doppeldecker-Bus hinterher. »Wo ist denn der geile Bus her?«, brüllt jemand. »Keine Ahnung, hat eine Sektfirma gesponsort.« – »Love Sex, Hate Sexism« steht auf dem Bus.

Holger läuft auf seinen Plateauschuhen und im engen schwarzen Rock an die Spitze der Tanzdemo. Er hat den *Slut Walk* mitorganisiert, seit 2011 gibt es die Protestform an vielen Orten vor allem in Europa und Nordamerika. Ein kanadischer Polizist hatte damals im Zusammenhang mit sexuellen Übergriffen an der Uni Toronto erklärt: »Frauen sollten sich nicht wie Schlampen anziehen, dann werden sie nicht zu Opfern.« Seitdem gehen Menschen in allen möglichen Kleidern und ohne auf die Straße und demonstrieren für sexuelle Selbstbestimmung und gegen falsche Vorstellungen von sexualisierter Gewalt. Denn sie wissen, sexuelle Gewalt trifft Menschen in vielen Kleidern und Situationen, zu 69 Prozent in der eigenen Wohnung und zur Hälfte durch den Partner oder Expartner.[115] Im öffentlichen Raum geschehen nur 18 Prozent der Taten, was immer noch zu viel ist, aber nicht der Großteil. Stereotype Vorstellungen aber wie die, dass vor allem junge Frauen in kurzen Röcken in dunklen Straßen durch sozial verwahrloste Täter sexuelle Gewalt erfahren, tragen mit dazu bei, dass viele Opfer ihre Erlebnisse nicht in den Schilderungen von Vergewaltigungen wiederfinden und Bekannte, Beamtinnen und Richter ihnen weniger glauben. In der Folge wird nur ein Bruchteil der Vergewaltigungen angezeigt und noch weniger verurteilt. Gegen diese falschen Vorstellungen, gegen eine verharmlosende *Rape Culture* in Filmen, Romanen, Fernsehshows und gegen die Vorstellung, Betroffene wären wegen »schlampenhaften« oder anderen Verhaltens mitschuldig an Übergriffen gegen sie, gehen Holger und die anderen nun durch die Fußgängerzone.

Auch Passant*innen tanzen jetzt, während der wummernde Zug an ihnen vorbeizieht. Heute guckt, anders als bei Demos sonst, niemand desinteressiert weg. Viele gucken wegen der unbedeckten Hintern und Brüste, von denen manche mit Glitzer oder Klebeband verziert sind. »Kommt mit!«, ruft jemand zwei jungen Frauen mit Coffee-to-Go-Bechern zu. Sie gucken sich an. Die Musik wummert. Sie reihen sich ein. Wissen sie, um was es hier geht? »Weiß nicht, vielleicht, dass ich tragen kann, was ich will, und mich trotzdem keiner begrapschen darf.« Das finden sie gut, außerdem die Musik. Sie wippen mit. »Für so einen Anlass stehe ich immer zwei Stunden vor dem Kleiderschrank«, erklärt Holger.

Eine halbe Stunde später hält der Zug in einem In-Viertel, Holger holt seinen Zettel raus, die DJane macht die Musik aus. Ein Mädchen im Kindergartenalter und ihr Vater halten auf dem Gehweg inne, ein paar Leute treten aus den Cafés.

»Ihr müsst nicht antworten auf die Fragen, die jetzt kommen. Macht einfach, wonach euch ist«, sagt Holger ins Mikrofon. Einige aus dem Zug klatschen. »Wer hat euch gesagt, dass ihr Mann oder Frau seid? Wie seid ihr darauf gekommen? Ich habe lange nach meiner Wahrheit gesucht. Mich im binären System mit seinen Rollenklischees zurechtzufinden, war für mich fast unmöglich.« Es ist ruhig. Niemand klatscht jetzt. »Es hätte mich fast kaputt gemacht.« Einige gucken ernst. »Nehmt euch auch Zeit! Definiert euch selbst.« Viele jubeln. Das Mädchen auf dem Gehweg guckt nur gebannt die DJane mit den kurzen Haaren und der goldenen Paillettenjacke auf dem Laster an. »Habt ihr Spaß beim Sex?«, fährt Holger fort. »Aber nicht doch, über Sex wird nicht geredet. Und wir hören, dass man sich ›da unten‹ nicht anfassen soll. Warum sollte sich eine Person, egal welchen Geschlechts, nicht an den Geschlechtsteilen anfassen und einen schönen Tag haben? Dabei herausfinden, was ihr gefällt? Und es den Partner*innen mitteilen? Wer sagt, dass Sex nur mit dem anderen Geschlecht stattfinden darf? Ein sexistisches Konstrukt sagt uns das, ein Konstrukt, das zu unnötiger Gewalt führt und das kein Mensch braucht. Es muss weg.« Jubel. »Ich möchte, dass wir alle die Vielfalt so annehmen, wie sie tatsächlich existiert. Ich möchte, dass wir in einer freien Welt leben.« Das Mädchen guckt noch immer die DJane auf dem Laster an. Die dreht jetzt die Musik auf.

Ein paar Kilometer weiter hat ein sphärisch-elegischer Klang den Partysound abgelöst. Holger läuft allein vor dem Laster. »Dieser Moment könnte jetzt ewig dauern.« Holger atmet tief ein. In seiner Arbeit trägt er Hosen und schminkt sich nicht. Im

Augenwinkel sieht er eine alte Frau vom Balkon aus winken, er winkt ihr zurück.

Ich bin auf dem Slut Walk, weil sich hier politisches Begehren nach selbstbestimmter Sexualität und freier Gender-Perfomance in einem Reigen aus Glitzer, wummernden Beats und Tanzen ausdrückt. In Bärten und Nylonstrümpfen, Jeans und Hotpants, Pumps und Sneakers, Corsagen und Pailletten, jenseits von Zuschreibungen. Nicht nur hier auf dem Slut Walk, auch an anderen Orten, für Interviews, in Workshops und unter Freund*innen habe ich Menschen kennengelernt, die unsere geschlechtliche Ordnung stören.

Der Münchner Christian Seidl war vor einigen Jahren zufällig in einem Kaufhaus in der Damenabteilung gelandet. »Ich staunte. Was den Frauen alles geboten wurde! Eine unermessliche Vielfalt an Wäscheteilen«, schrieb er 2014 in seinem Buch *Die Frau in mir*. »Zarteste Füßlinge. Alle Farben von Pink bis Blau, von Weiß bis Schwarz. Und nirgendwo sah ich dieses Müllgrau oder Dreckbraun wie bei den Männern. Wie ungerecht!« Seidl war so von der Vielfalt der Mode und Stoffe – Chiffon, Seide, Kaschmir – angetan, dass er sich sofort Nylonstrümpfe kaufte und anzog – den zarten Stoff können die meisten Männer nur an Beinen anderer Frauen ertasten. Seidl entschied, von nun an auch Kleider, Röcke, Blusen und Schuhe mit Absätzen zu tragen. »Ich wurde den ganzen Tag verarscht, als ich mal im Rock kam. Dabei war es damals Mode, dass auch Männer das machten, so Rave und so, in den 90er Jahren. Ich hab das einfach ausprobiert, weil mir das gefiel«, erzählt mir ein Journalistenkollege 2017. Er ging kein weiteres Mal so zur Arbeit in einem großen Medienhaus, denn er fürchtete, seine Arbeit würde nicht mehr ernstgenommen. »Ein rotes Sakko ist ein No-Go, das könnte ich in keiner Konferenz tragen«, erklärt mir ein Bankangestellter 2014.[116] Er hat gar keinen Kundenkontakt, aber die Kollegen würden ihn schon wegen der Farbe Rot auslachen.

Je höher der gesellschaftliche Status, desto verpönter ist meist für Männer das Zeigen von Körpermerkmalen. Wer sich

Geschlechterkonventionen entzieht, muss Gewalt fürchten. Seidl im Rock wurde beim Versuch einer Anzeige wegen sexueller Belästigung von Polizisten belächelt, und Holger in Leggings wurde in der U-Bahn von einem Mann bedroht, der ihm mit Gesten zu verstehen gab, dass er ihm die Geschlechtsteile rausreißen möchte. Etwas weniger gefährdet, weil meistens weniger erkennbar, sind Frauen in Kleidung aus der Herrenabteilung oder mit als männlich geltenden Attributen wie Bärten.

Trotzdem kostete es mich Überwindung, im Rahmen eines gleichnamigen Workshops als *Man for a day* auf die Straße zu gehen. Die 2016 verstorbene New Yorker Performancekünstlerin Diane Torr bringt seit Jahrzehnten Frauen bei, ihre antrainierte weibliche Sozialisation zu reflektieren: die tendenziell lieblichere Gestik, tendenziell freundliche, aufmerksame Mimik, höhere und leisere Sprechweise, die wenig raumgreifenden Körperhaltungen sowie das generelle Selbstverständnis, wenig Platz in unserer Gesellschaft zu beanspruchen. Unabhängig davon, ob diese Eigenschaften weiblicher Sozialisation gut oder schlecht sind, lehrt Diane Torr, sich ihrer bewusst zu werden und neue, stereotyp-männliche hinzuzulernen: sich breitzumachen, laut und im Brustton der Überzeugung zu sprechen, den Boden unter den Füßen als den eigenen zu empfinden, Anspruch auf Anteil an der Gesellschaft zu erheben. Die Teilnehmerinnen legen sich in ihren Workshops Kleider aus der Herrenabteilung und Bärte an und neue Verhaltensweisen zu. Sie lernen, ein Spiegelei nicht tänzelnd, leichtfüßig, quasi zwischen Tür und Angel in null Komma nichts zuzubereiten, sondern mit geführten, langsamen, großen, bedeutungsschweren Bewegungen. Dass viele voller Bewunderung »Oh« und »Ah« jauchzen, wenn ein Mann in der Küche steht und kocht, und dass vor allem Männer in der Gastronomie schnell die Küchenchefs werden, denke ich, liegt also auch an ihrem antrainierten Gebaren: getragen, entschieden – äußerst bedeutungsvoll. Solche Erfahrungen aus den Workshops von Diane Torr hielt die Filmemacherin Katarina Peters im gleichnamigen Dokumentarfilm *Man for a day* (2012) fest. Viele Teilnehmerinnen dachten, es würde auffallen, wenn sie auf der Straße Männer beobachten, um sie später zu imitieren. Doch wie von Torr vorausgesagt, merken die Männer das gar nicht, denn anders als viele Frauen begriffen sie sich nicht als Objekte. Eine Teilnehmerin machte auch die Erfahrung, dass sie sich in Hemd und Hose bei Gesprächen nicht mehr so auf ihr Äußeres konzentrierte, wie sie es in Bluse und Rock tat – »Sitzt alles richtig«? –, sondern auf den Inhalt des Gesprächs. Andere Teilnehmerinnen merkten, wie Menschen ihnen auf dem Gehweg plötzlich auswichen, wenn sie als Männer unterwegs waren. Diane Torr zeigt, dass unser Verhalten antrainiert ist, wir uns aber, wenn wir wollen, eines viel größeren Registers bedienen können: Ist es gerade angemessen, in der U-Bahn breitbeinig zu sitzen? Möchte ich mich in jedem spiegelnden Schaufenster meiner Frisur vergewissern? Möchte ich mehr oder weniger lächeln?

Die Idee der *Queerness*

In den 60er Jahren etablierten arme und schwarze Drags und Transpersonen in den USA den Begriff *queer*, was »seltsam, verrückt, nicht der Norm entsprechend« heißt, um sich von weißen Mittelklasse-Schwulen abzugrenzen. Später übernahm die Lesben- und Schwulenbewegung den Begriff, schließlich Akademiker*innen. Heute meint *queer* die generelle Vielfalt geschlechtlicher und sexueller Identitäten, auch Intersexuelle, Transsexuelle, Bisexuelle, und das Überwinden der heterosexuellen Matrix, also der Vorstellung, es gäbe genau zwei eindeutig bestimmbare Geschlechter – Mann und Frau –, die sich wechselseitig aufeinander beziehen.[117] Auf der Suche nach einer neuen Erzählung halte ich das Konzept *Queerness* für relevant. Denn selbstbestimmt zu leben und zu lieben oder andere dies tun zu lassen, schafft neue »Begehrensstrukturen«[118] (Katharina Rost in *Frauen mit Fliege*) und erzeugt genau jenes produktive »Durcheinander«[119] (Ina Praetorius in *Wirtschaft ist Care*), das die symbolische Ordnung stört – die eben nur vermeintliche Ordnung, denn für die meisten ist die Gegenwart bedrängend, gewaltvoll und zerstörerisch. Ich möchte hier darlegen, dass es nicht nur für ebenjene unmittelbar betroffenen LGBTplus-Menschen lebenserhaltend ist, die Idee von *Queerness* zu stärken, zu fördern, hegemonial zu machen und möglicherweise selber zu leben, sondern darüber hinaus für alle anderen. Dass sie Gewalt und Unterdrückung gegen prinzipiell alle Frauen und Männer reduzieren kann und darüber hinaus Sprengsatz für weitere vermeintlich ausschließliche Begriffspaare und Ausbeutungsverhältnisse ist. Das zeigt sich auch im Entstehen der Geschlechtertrennung.

Die geschlechtliche Dichotomie gibt es schon lange, wie unter anderem Ina Praetorius analysiert, der Kapitalismus hat sie sich aber, was wiederum Silvia Federicis Care-Analyse zeigt, in besonderer Weise zu eigen gemacht. Auch der Aufstieg und die Konsolidierung des Bürgertums prägten diese Geschlechtertrennung in öffentliche und private Sphäre, wie die Trennung in Haus- und Erwerbsarbeit zeigt – und die neu entstehende Kleiderordnung.

Bis zur Französischen Revolution tragen beide Geschlechter, sofern sie körperlicher Arbeit nachgehen, eher dunkle, robuste, tendenziell unbequeme Stoffe, sofern sie dem Adel angehören eher ausschweifende, farbenfrohe, aufwändige Kleider, die bei Männern wie Frauen Haut zeigen – an Dekolletés und Waden – und Geschlechtsmerkmale betonen: den Busen mit Rüschen und Korsetts, den Penis in der Renaissance mit einem auffällig geschmückten Hosenlatz, »Schamkapsel« genannt.[120]

Die Französische Revolution ändert das. Sie soll alle Menschen zu »Brüdern« machen und meint, wie das Wort sagt, nur die Männer. Modisch ist von da an alles Adelig-Ausschweifende verpönt, der Mann verschwindet im bürgerlichen Anzug, nur noch Kopf und Hände sind sichtbar – Intellekt und Handlungsmacht. Bis heute wird »der Anzug« kaum variiert: Auch T-Shirt, Pulli und Jackett für den Herrn sind tendenziell kastenartig, mit gedeckten Farben, wenig Mustern – der Mann steht für Seriosität, Korrektheit, Leistung. Mode wird mit der Französischen

Revolution Frauensache: Sie sollen weiter nach Muße, Hingabe, Körper aussehen, tragen Üppiges, Buntes, Gemustertes, Durchsichtiges, Fließendes, Verspieltes. Es gilt: Männer *haben* einen Körper, Frauen *sind* ein Körper. Der »westliche« Mann im Anzug grenzt sich so übrigens auch vom »nichtwestlichen« ab, den er ähnlich wie Frauen in bunten, wallenden Kleidern imaginiert und effeminiert – tatsächlich gibt es in Moscheen kein Rockverbot für Männer, dafür haben die meisten Kulturen andere geschlechtliche Kleiderordnungen.

Die westlichen *men in suits* werden wie Soldaten in Uniform visuell unsterblich – stirbt einer, kommt ein neuer nach. Sie werden damit transzendent, wie die Kulturwissenschaftlerin Barbara Vinken beschreibt.[121] Die Frauen in aufwändigen, vielfältigen, möglicherweise aus der Mode geratenden Kleidern hingegen sind immanent, sind Körper, Fleisch, verletzlich.

Am besten aufgehoben sind sie als *trophy wife* am Arm eines Mannes im Anzug. Oder im neu geschaffenen »Zuhause«. Da sich manche Frauen aber auch im 18. Jahrhundert ab und zu in öffentlichen Räumen aufhalten, sollen sie dort für »das Private« einen eigenen Raum bekommen: die Damentoilette. Auch die Idee der getrennten Toiletten kommt, wie die Kulturwissenschaftlerin Sonja Kull zeigt, erst im 18. und 19. Jahrhundert auf.[122] Die erste bekannte geschlechtergetrennte Toilette wird 1739 für einen Ball in Paris eingerichtet, in den USA wird die geschlechtergetrennte öffentliche Toilette Ende des 19. Jahrhunderts gesetzlich durchgesetzt. Sie soll Frauen schützen – das wäre zwar auch dadurch möglich, dass Frauen Macht bekämen, wählen und Gesetze machen dürften, doch zu diesem Zeitpunkt gilt die Klowand als geeignetes Mittel, wie Kull beschreibt. Die geschlechtergetrennte Toilette soll auch erschweren, dass sich nicht miteinander verheiratete Menschen verschiedenen Geschlechts in nicht einsehbaren Räumen wie Klokabinen treffen und dort Spaß haben oder Nachwuchs zeugen.

Bis heute halten WC-Schilder die Trennung der Geschlechter als etwas Natürliches aufrecht, zwingen uns dazu, kurz vor dem Klo den Weg zur einen oder anderen Tür einzuschlagen, so schreibt sich bei jedem Klogang eine Trennlinie tief in unsere Körper und Gehirne ein.

Hier gedanklich wie physisch neue Bahnen einzuschlagen müssen wir lernen wie Bewegungsabläufe eines neuen Tanzes, einer Fußballtechnik, eines Musikinstruments, wie eine Sprache. Einige Aktivist*innen reclaimen das WC-Schildchen mittlerweile, indem sie WC-Schild-Frauen mit Superheldenmantel (und Taille als Weiblichkeitssymbol) zeichnen und darunter »It was never a dress« schreiben. WC-Schild-Männchen könnten auch mit einem Bikini versehen werden, schlägt Sonja Kull vor. Irritierende Adaptionen oder gar keine WC-Schilder würden vielen Menschen das Leben erleichtern, weil sie intersexuell oder trans sind oder sich als queer verstehen – Klos, Kleiderabteilungen und Schuluniformen für alle wären für sie keine Banalität, denn sie erleben die Zwangszuweisung täglich in Situationen, die sich nicht umgehen lassen, wie Sich-Anziehen und Zur-Toilette-Gehen.

Neben dieser täglichen Disziplinierung von LGBTplus-Menschen hat das dichotome Geschlechterbild aus Privatem einerseits und Öffentlichem andererseits aber noch andere Folgen, wie auch schon die Analyse der Care-Arbeit gezeigt hat: Es verbannt Frauen aus der Sphäre der Öffentlichkeit und des Politischen, versagt ihnen damit Macht und befördert ihre Ausbeutung, Abhängigkeit und Armut. Schließlich – und diesen Punkt möchte ich hier stark machen – fördert die Geschlechtertrennung auch unmittelbar physische Gewalt, wie ich an zwei Gewaltformen zeigen will.

Die Vorstellung von zwei Sphären aus Gestaltern, Beherrschern, Subjekten einerseits und Unterdrückten, Beherrschten, Objekten andererseits wirkt sich auch auf den Lebensbereich der Sexualität aus. Frauen, die der letzteren Sphäre zugeordnet sind, erscheinen als »Objekte«, ihnen wird weniger eigener sexueller Impuls zugeschrieben, weniger eigene Lust, weniger eigenes Begehren. Das befördert die Vorstellung, Frauen müssten zu sexuellen Handlungen tendenziell »verführt«, überredet, vielleicht sogar gezwungen, sie müssten »erobert« werden. Erst einmal von einem »Nein« auszugehen und Zustimmung der Partner*in explizit einzufordern, ist prinzipiell richtig. Die kulturell geprägte Erwartung eines mindestens anfänglichen Widerwillens bei Frauen, die uns auch in vielen Sitcoms begegnet, impliziert aber, dass es nie zu körperlicher Nähe käme, wenn der Widerwillen des prinzipiell lustlosen Geschlechts nicht irgendwann aufgegeben, gebrochen oder ignoriert würde. Wer – in der Theorie – nicht begehrt, muss zu seinem, ihrem, Glück gezwungen werden. Diese kulturelle Erwartung ist auch institutionell geprägt, zum Beispiel in der Ehe: Je weniger eine Frau über materielle Ressourcen und Macht verfügt, desto mehr wird ihre emotionale und körperliche Fürsorgearbeit zu ihrem einzigen »Gut«, das sie gegen einen Versorgungsanspruch gegenüber dem Ehemann eintauschen kann. Lange Zeit musste sie auch in westlichen Industrienationen »unberührt« bleiben, bis sie verheiratet war, damit ihr Gut Liebe und Zuneigung etwas wert blieb. In der Ehe dann musste sie es sparsam einsetzen. Und wollte sie Sex mit jemand anderem als ihrem Mann, gefährdete sie bei einer Scheidung nach dem in der Bundesrepublik bis 1977 geltenden »Schuldprinzip« unter Umständen Sorgerecht und Unterhaltszahlungen.

Ein Schuldprinzip gibt es heute nicht mehr. Trotzdem werden sexuell aktive Frauen zu »Schlampen« degradiert. Und die Tradition, Widerwillensbekundungen der Frau einerseits zu erwarten, andererseits nicht ernstzunehmen, schwingt immer noch mit, wenn Menschen meinen, ein »Nein« sei nur ein Sich-Zieren.

Das dichotome Geschlechterbild von Männern im Erwerbsleben und Frauen im Privaten befördert auch dann sexualisierte Übergriffe, wenn Frauen in jene ihnen nicht zugestandene »andere Sphäre«, die Erwerbsarbeitswelt, vordringen und den Etablierten Konkurrenz machen. Während körperliche Gewalt gegen andere Männer dort nicht geduldet ist, werden sexualisierte Übergriffe auf Frauen häufig toleriert. Mit einem Spruch, einer Hand auf dem Knie, einem Übergriff im Aufzug lassen sich die neuen Konkurrentinnen herabsetzen, man weist ihnen den Platz weiter unten zu und sichert sich so den eigenen – wer beobachtet und schweigt, wird übrigens auch unten einsortiert, egal ob Mann oder Frau. Er oder sie toleriert die Autorität des Täters und ordnet sich unter.

Geschlechtliche Dichotomie hängt noch in einem weiteren Punkt mit sexualisierter Gewalt zusammen. In einer Ordnung, in der den Frauen Fürsorge und soziale Beziehungen obliegen, in der ausschließlich sie trösten, umarmen, füttern, pflegen, Hände halten, Köpfe streicheln, in dieser Ordnung erleben Männer kaum Berührung. Der erwachsene heterosexuelle Mann westlicher Prägung darf niemanden anfassen außer seiner Partnerin und seinen Kindern (die aber nur, bis sie zwölf sind, danach gilt er als pädophil) und seinen Eltern (aber die nur am Sterbebett). Er darf nicht mit dem besten Freund Händchen halten, wie beste Freundinnen, oder auf der Parkbank den Kopf auf den Schoß eines Freundes legen. Er darf im engen Bus nicht mit seinem Oberarm den Oberarm der besten Freundin berühren und andere Männer nicht länger als mit einer angedeuteten Umarmung begrüßen, die mit einem kurz darauf folgenden kräftigen Schulterschlag beendet wird. Eine Ausnahme ist der Sport, auf dem Fußballrasen dürfen auch Heteromänner übereinander herfallen. Davon abgesehen ist für den Heteromann westlicher Prägung – zugespitzt formuliert – der einzige Mensch, den er anfassen darf, eine Beziehungspartnerin, gegebenenfalls eine kurzfristige in Form einer Sexarbeiterin. Indem unsere Geschlechterordnung diesen Männern viele Berührungsarten verwehrt, werden die verbleibenden Berührungsarten enorm aufgeladen. Während erwachsene Frauen körperliche Nähe auch in freundschaftlichen oder fürsorgenden Beziehungen erleben können, beschränkt sie sich bei diesen stereotypen Männern auf romantische und sexuelle Beziehungen. Nicht alle Männer aber haben romantische und sexuelle Beziehungen, sie bleiben somit häufig über Monate, Jahre oder Jahrzehnte berührungslos. Für viele ist das kein Problem. Für manche aber schon. Einige ermöglichen sich Berührungen dann gewaltvoll. Das allein erklärt sexualisierte Übergriffe nicht, es entschuldigt sie schon gar nicht. Es zeigt nur, warum körperliche Nähe für viele Männer sexuell aufgeladen ist. Und es zeigt, warum ein Aufbrechen dieser Geschlechterrollen und Sphären, ein Aufbrechen des Verbots platonischer Berührungen und vor allem das Etablieren der Rolle fürsorgender Männer so wichtig sind: Andere umarmen, streicheln, trösten und pflegen zu dürfen würde auch sie selbst trösten und pflegen können. Der männliche Körper, der – bezahlt oder unbezahlt – fürsorglich ist, der umsorgt, der hegt und pflegt, ist darüber hinaus das herausforderndste Symbol und die entschiedenste Alternative gegenüber der extrem rechten Erzählung, in der der männliche Körper in erster Linie jagt, kämpft, führt, erobert.

Das Berührungsverbot und die geschlechtliche Einteilung der Welt führen zu einer weiteren Gewaltform neben der sexualisierten. Egal ob Nizza, Würzburg, Orlando, Winnenden, Emsdetten, Oslo, Paris oder München – Attentate und »Amokläufe« werden fast immer von Männern verübt, im Schnitt zu 90 bis 95 Prozent. Ich spreche hier von »Attentaten«, denn »Amok« im Sinne von »Raserei« oder »Wut« gilt heute vielen Expert*innen als irreführender Modebegriff. Selten geschehen die Massentötungen ideologiefrei und im Affekt, vielmehr sind sie meist lange geplant, wie *school shootings* zeigen, mit Todeslisten, Gebäudeplänen und Motto-T-Shirt für den Tattag. Warum sind die Attentäter männlich?

Der Freiburger Kulturwissenschaftler Klaus Theweleit sieht in seinem Buch *Das Lachen der Täter: Breivik u. a., Psychogramm der Tötungslust* (2015) Ursachen dafür unter anderem in den »fragmentierten Körpern« der jungen und mittelalten Täter. Er begründet das psychologisch ausführlicher als mit der bloßen Berührungslosigkeit der Männer, geht aber ebenfalls davon aus, dass viele Männer nie gelernt haben, ihren Körper zu spüren. Die Täter hatten oft schwierige Pubertätsphasen, sind unsicher über ihre Sexualität, ihre Position in der Schule oder bei der Arbeit, den Eltern gegenüber, haben keine verlässlichen Freundschaften, vielleicht wenig Berührungen erfahren. Erst das massenhafte Erschießen, das In-die-Luft-Sprengen, das

Zerfetzen der anderen Körper, wobei Fleisch und Blut durch die Luft fliegen, lässt sie sich lebendig fühlen, was Theweleit vor allem am Lachen im Moment der Tötung festmacht, als Ausdruck einer »Selbstverlebendigung«.

Eine gute Ergänzung von Theweleits Analyse der »fragmentierten Körper« liefert das Konzept der »hegemonialen Männlichkeit« der Soziologin Raewyn Cornell aus Sydney. Es beschreibt, wie soziokulturelle Umstände, also auch Erzählungen, zu einer Praxis beitragen, wonach bestimmte Männer Frauen und andere Männer – schwache, schüchterne, schwule, arme, schwarze – herabsetzen. Diese untergeordneten Männer profitieren erheblich weniger vom Patriarchat, haben weniger Erfolg, weder Reichtum noch Ruhm. So entsprechen sie, oft aus Gründen, die sie nicht beeinflussen können, sehr viel weniger dem Männlichkeitsideal, sie fühlen sich ausgegrenzt, schwach oder unsicher. Das dichotome Geschlechterbild, dem sie nicht genügen, frustriert und demütigt manche von ihnen implizit. So wird es als »entmännlichend« empfunden, von einer Frau oder dem Staat abhängig zu sein, schreibt Monika Lübbert in ihrer Studie *Amok – Der Lauf der Männlichkeit* (2002). Weitere Studien zeigen, dass Attentate fast immer von solchen gedemütigten Männern begangen werden: Nach einer Studie der Uni Gießen fühlen sich diese männlichen Attentäter extrem oft »gekränkt«, »gedemütigt«, »schlecht behandelt« oder »nicht beachtet«.[123] Laut einer Studie der Western New Mexico University sind die mehrheitlich männlichen, weißen, nach außen hin heterosexuellen Täter meist »depressiv«, »sozial isoliert« und »auf der Suche nach Ruhm«.[124] Sie sehen sich um ihre »ihrer Meinung nach gerechtfertigte Vorherrschaft als weiße Mittelschichts-Männer gebracht« und als »Opfer einer Ungerechtigkeit«. Mit den Massentötungen wollen sie ihre »Macht demonstrieren«, »Großartigkeit inszenieren« und ihre »Ohnmacht in Allmacht verwandeln«.

Ferner spielen bei der Frage, warum vor allem Männer Attentate begehen, neben der geschlechtlichen Kränkung und den »fragmentierten« Männerkörpern auch der ständige Vergleich und Leistungsdruck im Kapitalismus eine Rolle, wie der Philosoph Franco »Bifo« Berardi erklärt: Druck und Konkurrenz können psychisch krank machen. »Das sind Monster, die wir mitgeschaffen haben«, sagt er.[125] Viele Täter galten als »Loser«, waren ausgegrenzt. Der Attentäter, der am 22. Juli 2016 in München neun Menschen erschoss, sagt in einem Video kurz nach der Tat: »Ich wurde gemobbt« und »Ich bin in einer Hartz-IV-Gegend geboren worden.« Einige dieser vermeintlichen »Loser« wollen eben auch mal Sieger sein, sagt Berardi, wie es unsere Gesellschaft von ihnen erwartet, wollen es einmal allen zeigen, in allen Medien auftauchen oder wenigstens in einer Gemeinschaft der Verlierer aufgehen. Die kapitalistischen und geschlechtlichen Erwartungen doppeln sich bei Männern also – nicht zufällig, schließlich befinden sich nach unseren etablierten Erzählungen Männer und Kapital in derselben Sphäre. Frauen können sich bei fehlendem Erfolg in der kapitalistischen Sphäre immerhin noch Anerkennung in der anderen Sphäre suchen, durch Beziehungen, Anerkennung ihrer Körper, ihrer Hingabe, ihrer Fürsorge. Im Übrigen wehren sie sich auch nicht *nicht*, sondern oft autoaggressiv durch Sich-Ritzen, Essstörungen und Depressionen, oder sie leiden an psychisch mitverursachten Autoimmunerkrankungen. Die geschlechtliche Dichotomie ist selbstverständlich nicht alleinverantwortlich für Attentate, Auslöser sind meist persönliche Krisen wie eine Trennung, akute Geldsorgen oder Ärger mit Behörden. Hinzu kommt oft Frauenhass wie bei vielen *school shootings* oder Rassismus wie beim Attentat im Münchner Einkaufszentrum. Die Kränkung nach patriarchal-kapitalistischen Werten ist aber, wie die Studien zeigen, eine Grundkonstante der meisten Attentate.

Attentate dieser Art und sexualisierte Gewalt sind nur zwei Gewaltarten unter vielen, die ohne geschlechtliche Dichotomie kaum gedacht werden können. Für den Anstieg von häuslicher Gewalt nach Männerfußball-Großereignissen[126] um rund ein Drittel sind neben gewaltvollen und kriegerischen Metaphern wie *Schießen, Siegen, Niederlage* auch frauen- und schwulenverachtende Sprüche sowie die Homogenität innerhalb der männlichen Fußballkultur verantwortlich. Diese Kampfkultur zeigt sich in ihrer extremsten Form in Krieg und Völkermorden. Auch hier liegt die erzählerische Einteilung der Welt in geschlechtliche Sphären mit einem für Kontrolle, Wehrhaftigkeit und Eroberung stehenden Geschlecht sowie einem für Schwäche, Passivität und Hilfsbedürftigkeit stehenden Geschlecht zugrunde.

Geschlechtliche Dichotomie ist also für die meisten Gewaltformen mitursächlich, für alltägliche Gewalt in Form geschlechtlicher und sexueller Zurichtung von LGBTIQs, aber auch für strukturelle Gewalt wie Ausbeutung, Armut und Abhängigkeit der »Nicht-Männer«, unter denen auch sich als Männer begreifende Menschen sein können. Insofern ist auch die Idee der *Queerness* einerseits *radikal bunt*, denn sie steht für selbstbestimmtes geschlechtliches und sexuelles Leben, und andererseits *tiefrot*, denn sie torpediert die kapitalistische Arbeitsteilung. Wer macht die Fürsorgearbeit des liebenden Geschlechts, wenn zwei Männer sich lieben und in einer Beziehung zusammenleben?

Für viele LGBTIQs ist das alles nichts Neues, viele haben es sich außerdem nicht ausgesucht, *queer* zu leben und zu handeln. Viele Menschen können es sich aber aussuchen. Ein meines Erachtens großes Potenzial liegt bei *heterosexuellen Männern*. Sie können sich entscheiden, wirklich fürsorgende Männer zu sein oder öffentlich zu weinen, mit lackierten Nägeln Fußball zu spielen, demonstrativ nicht effizient zu sein, zu bummeln, zu flanieren, sich zu schminken und vor allem über ihre Gefühle, Sorgen, Krankheiten, Bedürfnisse zu reden – und dies nicht nur mit den »lieben« Frauen. »Die Persönlichkeit der halben Weltbevölkerung lässt sich nicht über Nacht verändern. ... Aber versuchen könnte man es, und zwar mit etwas ganz Einfachem, mit Reden. Wir tun das jeden Tag, warum also nicht über das, was wirklich wichtig ist? Wir haben sehr viel Übung darin, den Mund auf- und zuzumachen, um Laute zu produzieren, wir müssten diese Laute nur ein wenig variieren, dann könnte am Ende etwas dabei herauskommen, was uns richtig guttut«, schreibt der britische Autor Jack Urwin in *Boys don't cry* (2017). Anders als bei Frauen, wo eine Anpassung an männliche Normen manchmal sogar honoriert wird, ist queeres Verhalten bei Männern tendenziell kein »Aufstieg« und wenig etabliert. Generell aber haben *alle* das Potenzial, die heterosexuelle Matrix zu unterwandern und so an einer neuen Ordnung zu basteln, vor allem, wenn wir nicht verlangen, *queer* als Entscheidung für immer zu betrachten, sondern erlauben, es als Praxis im Alltag auszuprobieren und »Queerness als Dynamik innerhalb eines *Kontinuums* zu denken«[127], wie die Mode-Theoretikerin Gertrud Lehnert vorschlägt. Denn dieses Verständnis »vermeidet, was queer unbedingt vermeiden will und muss, nämlich Starrheit und Festschreibungen (ich bin...)«. Verfängt aber die Idee von *Queerness* bereits? Und kann sie Teil einer neuen Erzählung werden?

Das befreiende Potenzial von *Queerness* liegt bei manchen Lebensbereichen auf der Hand und knüpft hier sehr stark an das Erleben der Menschen an: Es befreit vom Familienideal aus Vater-Mutter-Kind mit in der Realität oft abwesenden oder teilabwesenden Vätern. Ein Ideal, das leugnet, was ein afrikanisches Sprichwort besagt und jede*r weiß: Es braucht ein Dorf, um Kinder großzuziehen. Mit einem queeren Familienverständnis könnten wir die existierenden Erziehungsmodelle aus Freund*innen, Tanten, Omas und Nachbarn anerkennen als das, was sie sind: Familien oder Dörfer, derer es zur Kindererziehung bedarf. Im Alltag handeln längst viele nonkonform. Unzählige kleine Jungs tragen Röcke, bis sie davon abgehalten werden, unzählige Männer weinen, wenn die Kumpels nicht zugucken, unzählige Frauen verweigern zu gebären, wie es die Gesellschaft von ihnen verlangt, sogar einige Pfarrer lassen sich zu Pfarrerinnen operieren.

Queerness knüpft also durchaus an alltägliches Erleben an – und vielleicht noch mehr an alltägliches Begehren. Das Konzept verfügt im Vergleich zu den anderen hier vorgestellten Konzepten etwas weniger über einen Frame mit einem eigenen

Entwurf, denn verrückt sein und etwas queren oder kreuzen steht ja in Abhängigkeit von einer Norm. Der Begriff benennt aber jedenfalls keine solche Norm, stärkt also nichts Gegenteiliges, er steht so eher für Vielfalt, feiert das Seltsame, das Durcheinander. Von daher hätte die Idee Potenzial zu verfangen.

Wird sie aber durch Erzählen kontinuierlich wiederholt?

Mit Geschlecht und Sexualität spielten schon Shakespeare und George Sand, David Bowie und Madonna. In den letzten Jahren gewann Tom Neuwirth als Conchita Wurst mit Bart und Abendkleid den *Eurovision Song Contest*, Drag Queens traten bei *Germany's next Topmodel* auf, und Popstar Janelle Monáe trägt Fliege, Hosenträger und Weste. Die liberale, von sozialen Bewegungen und Kunst geprägte Idee geschlechtlicher und sexueller Vielfalt wurde auch in die neoliberale Erzählung der letzten Jahrzehnte integriert, so dass heute auch prominente und autoritäre Stimmen sie vertreten. Unter Merkel führte die Union die *Ehe für alle* ein, offen homosexuell lebende Politiker*innen gibt es in allen Parteien.

Gleichzeitig erleben wir einen Backlash. Gewalttaten gegen Trans- und Homosexuelle steigen, AfD und reaktionäre Eltern-Organisationen gehen gegen sexualaufklärerische Bildungspläne vor. Im Alltag westlicher Industrienationen bleibt es gefährlich, wenn Jungen oder Männer in Rock, Kleid, Pumps oder Chiffonblusen in die Schule, die Kanzlei oder auf die Baustelle gehen. Und aus dem progressiven Urteil des Bundesverfassungsgerichts von 2017, wonach die Bundesregierung im Personenstandsregister entweder eine dritte Option neben »männlich« und »weiblich« schaffen oder den Geschlechtseintrag entfallen lassen muss, machte der dafür zuständige Innenminister Seehofer ein Gesetz, wonach Menschen nicht selbstbestimmt ihr Geschlecht wählen können, sondern sich psychologischen Zwangstests unterziehen müssen. Sexuelle und geschlechtliche Vielfalt stehen nicht nur unter Beschuss von Konservativen und von extrem rechten »Keimzelle der Nation«-Anhänger*innen. Auch Stimmen in Medien und Politik, die sich bislang als liberal verstanden, halten seit dem Erfolg von Trump und AfD *diversity* nicht mehr für die Bedingung eines guten Lebens, sondern führen sie nach dem Motto »Jetzt haben wir es aber mit Unisex-Toiletten zu weit getrieben« sogar als Grund für den Erfolg der extremen Rechten an. Vielfältige Lebens- und Liebensweisen dürften Liberalen ein Genuss sein, sie sind aber, wie andere gute Lebensbedingungen wie Rechte von Frauen, Freiheit vor Repression, Gewaltenteilung, Acht-Stunden-Tag, gerade akut gefährdet.

Was der liberalen Erzählung von *Queerness* neben der entschiedenen Umsetzung fehlt, was eine neue linke Erzählung und alle, die ein besseres Leben für die Vielen begehren, vor allem deutlich machen müssen: *Queerness* stört nicht nur die geschlechtliche Ordnung und verschafft jedem Tierchen sein Pläsirchen – was auch schon schön wäre –, nein, es macht mehr. »Das Durchkreuzen – Queren – der vermeintlich naturgegebenen hierarchisch verfassten Zweigeschlechtlichkeit durch die Gewissheit, dass es mehr als nur zwei Geschlechter und viel mehr genüssliche Formen des Zusammenlebens als die heterosexuelle Monogamie gibt, setzt im Zentrum der dichotomen Ordnung an und hebt deren (latent) zentrales Dogma aus den Angeln«, schreibt Ina Praetorius.[128] Wenn wir das Weltbild aus zwei ausschließlich aufeinander bezogenen Geschlechtern von Frau und Mann, von Kontrollierten und Kontrollierenden, von liebevollen Fürsorgearbeiten einerseits und harten Jobs andererseits, von kleinem Haushalt und großer Ökonomie, von Sozialem und Politischem, von Unterdrückten und Unterdrückern stören, wird das System von Kontrolle in sich brüchig. Auch andere Arten der Kolonisierung wie die der Natur sind dann gestört, wie Praetorius schreibt. »Die Idee, Menschen könnten von einem souveränen Standpunkt aus natürliche Entwicklungen ›planen‹ oder ›im Griff haben‹, löst sich auf.«[129]

Auch für die Berliner Autorin Bini Adamczak ist *queer* zentral für ein gutes Leben. Denn wir überwinden damit festgeschriebene Identitäten. »Marx formulierte in der *Deutschen Ideologie*, die kommunistische Gesellschaft ermögliche es,

›morgens zu jagen, nachmittags zu fischen, abends Viehzucht zu treiben, nach dem Essen zu kritisieren (…), ohne je Jäger, Fischer, Hirte oder Kritiker zu werden‹ (…). Im Anschluss daran lässt sich *queer* als Begehren nach einer Gesellschaft verstehen, die es ermöglicht, nachmittags den Haushalt zu machen, abends zu verreisen, nach dem Essen zu handwerken oder zu cruisen und morgens zu schlafen, ohne je Frau, Migrantin, Lesbe, Schwuler oder Kommunistin zu werden.«

Die Unterscheidung von Menschen nach Geschlecht, Sexualität, sozialer oder regionaler Herkunft, nach Religion, Behinderung und Kräuselung des Haars, nach Hautfarbe oder Nasenbreite hat es schon lange gegeben. Mache ich den in Südafrika lange üblichen »Bleistifttest« (»Bleibt er im Haar stecken?«), bin ich schwarz … Die kapitalistische Wirtschaftsordnung hat diese Unterscheidung aber in besonderer Weise funktionalisiert, erklärt der Sozialwissenschaftler und Biologe Heinz-Jürgen Voß im Buch *Queer und (Anti-)Kapitalismus* (2013). Der heute weltumspannende Kapitalismus, der mit der kolonialistischen Eroberung Amerikas 1492 begann und sich bald der Versklavung von Millionen aus Afrika verschleppten Menschen bediente, konnte das nur, indem weiße Kolonialherren diese Menschen für minderwertig erklärten. Und der sich in Europa und den USA ab dem 18. Jahrhundert etablierende Industriekapitalismus, so Voß, konnte sich, nachdem er die Subsistenzwirtschaften von Bäuer*innen zerstört hatte, nur halten, indem er den Großteil der lebenserhaltenden Arbeit, die Fürsorgearbeit, den Frauen als »liebenden Wesen« aufs Auge drückte, wozu die Aufrechterhaltung von Heterosexualität durch Stigmatisierung von Homo-, Trans- und Intersexualität nötig ist.

Wenn Bundeswehrsoldaten, wie im Juli 2018, offiziell mit Drag Queens posieren, was für den damaligen AfD-Landtagsabgeordneten André Poggenburg »jeden Gegner förmlich in Versuchung führt, unser Land zu überfallen«, schafft das eine kreative Unordnung: Sind die Drag Queens auf dem Bild Männer? Oder sind die Menschen in Uniform neben ihnen *in drag*? Ist der Mann doch wie die Frau nur ein Körper? Und können Körper in zarten Seidenstoffen, auf Pumps und mit Federboas in den Krieg ziehen und andere Körper zerstören? Wenn eine Vagina einen Penis oder etwas anderes »zirkludiert«, also aktiv umschließt – ein Wort, das Bini Adamczak als Alternative zu »penetrieren« aufgebracht hat –, wenn also nicht mehr nur der Penis die Vagina penetriert, stellt sich die schöne Frage: Wer fickt hier eigentlich wen? Wenn manche Lehrer, wie manche Lehrerinnen, in der Schule Kopftuch tragen würden, stellte sich die Frage: Wer bestimmt eigentlich, wer frei oder unfrei ist? Und wenn wir die Geburtenziffer für eine Person in Zukunft mit »1,6 pro Mann« statt »pro Frau« beschreiben, stellen sich die Fragen: Wem ordnen wir das Familiäre zu? Und nennen wir Mütter in Zukunft auch »Familienmütter«, so wie wir Väter »Familienväter« nennen, auch wenn sie gar nicht Väter der ganzen Familie sind?

Wie die Konzepte *Care Revolution*, *Buen Vivir* und *Solidarische Städte* sprengt auch *Queerness* unser dichotomes Weltbild, löst die Einteilung in Sphären auf und lässt uns neu über unsere Bedürfnisse und unser Begehren nachdenken. Das Konzept ergänzt aber auch die anderen Erzählungen. Denn es besagt, dass das Streben nach mehr Gleichheit auch ein Streben nach mehr Individualität bedeutet – und keinen Verlust von Individualität, wie es die liberale Erzählung behauptet, nach dem Kampfruf »Bloß keine Gleichmacherei!« Wir können unsere planetarische Zwangsgemeinschaft mit anderen Menschen und der Natur anerkennen und gleichzeitig eine freie Identität begehren. Eine freie Wahl der Wohngemeinschaft, des Geschlechts, des Stadtviertels, des Kontinents, der Familie, der Sexualität.

Wer erzählt was?
Spuren zusammenführen

London, *Gay Pride*, 1984

Der schüchterne 20-jährige Joe Cooper geht zum ersten Mal in seinem Leben auf eine Demo für Schwule, Lesben und Transsexuelle. Die *Gays* werden in diesen Jahren von der Boulevardpresse als »Perverse« bezeichnet und von der Polizei zusammengeschlagen. Im Tumult landet er in einer Gruppe um den Aktivisten Mark Ashton, die beiden freunden sich an. Ashton sieht kurz darauf in den Nachrichten, dass die Thatcher-Regierung, die Polizei und die Boulevardpresse gerade genauso hart wie gegen die Homosexuellen auch gegen streikende Bergleute vorgehen. Die Bergleute haben vor wenigen Monaten den »Miners' Strike« begonnen und treiben damit den Machtkampf der National Union of Mineworkers mit der Regierung Thatcher auf den Höhepunkt. Sie wollen ihre Zechen vor Schließung und Privatisierung bewahren, doch es beteiligen sich so viele, dass ihnen nur noch für wenige Tage das Streikgeld reicht. Ashton beschließt, in der queeren Community Geld für die Bergleute zu sammeln.

Das kommt nicht nur gut an. Manche aus Ashtons eigener Szene sind aus dem Arbeitermilieu geflohen, weil sie dort als Schwule Gewalt und Verachtung erfahren haben. Und die patriarchal und religiös geprägten Bergleute lehnen ebenfalls das Geld von den Homosexuellen ab, nennen sie »pervers« und fürchten, AIDS zu bekommen. Doch Ashton, der junge Fotograf Cooper und ein paar Weitere wollen trotzdem etwas gesammeltes Geld überbringen und fahren in einem buntbemalten Bus in das walisische Bergarbeiterdorf Onllwyn im Dulais Valley. Vor allem die Frauen der Bergarbeiter öffnen sich schließlich, und eine furiose Tanzeinlage des exzentrischen Jonathan Blake zu »Shame Shame Shame« bricht die Barrieren. Die LGBTs und die Bergleute freunden sich an, die Solidaritätskampagne kann losgehen. Auf einem Benefizkonzert im Londoner Club Electric Ballroom tritt schließlich einer der Bergleutevertreter auf die Bühne und erklärt den Queers und Punks im Raum: »Was ihr uns geschenkt habt, ist das schönste Gefühl der Welt: Gegen einen übermächtigen Feind zu kämpfen und dann Solidarität von unerwarteter Seite zu erfahren.«

Diese Szenen stammen aus dem Film *Pride* (2014). Der unterhaltsame Spielfilm, der sich auch mit Kindern gucken lässt, erzählt von der tatsächlichen historischen Allianz zwischen Londoner Homosexuellen und walisischen Bergleuten. Wie nah die Rollen an die Akteur*innen von damals angelehnt sind, lässt sich auch in der Dokumentation *All Out! Dancing in Dulais* (1986) auf Youtube nachgucken.

Pride hatte mir vor einigen Jahren, zu Beginn meiner Suche nach einer neuen linken Erzählung, Bini Adamczak empfohlen, denn der Film zeige, wie neue Beziehungen und Solidaritäten entstehen. Und das vor allem ist für die gesellschaftliche Transformation entscheidend, betont Adamczak in Texten und Interviews immer wieder. »Die Revolution schafft nicht aus dem Nichts, sie verknüpft bisher Unverbundenes in neuer Weise«, schreibt sie in *Beziehungsweise Revolution*.[130] Dass heute in den USA wieder viele, vor allem junge Menschen, sozialistischen Demokrat*innen um Bernie Sanders und Alexandria Ocasio-Cortez anhängen, liegt nicht an agitierenden Führungsfiguren, so Adamczak, sondern daran, dass viele Menschen sich in den letzten Jahren in sozialen Bewegungen zusammengetan haben. »Dass sie an den Kämpfen um *Occupy Wallstreet* beteiligt waren, an denen gegen Zwangsräumungen, Verschuldung, rassistische Polizeigewalt.« Auch global entstanden in den letzten Jahren neue Verbindungslinien. »Wenn die Menschen in

Südeuropa oder den USA der Meinung gewesen wären, dass sie sich von den Menschen auf dem Tahrirplatz in Kairo fundamental unterscheiden, hätten sie sich nicht von ihnen anstecken lassen«, erklärt Adamczak in einem Interview.[131] »Aber sie haben in den Kämpfen und Träumen dort ihre eigenen Kämpfe und Träume erkannt.« Wir sind gewohnt, so Adamczak, von Individuen, Familien oder Staaten auszugehen, ihre Hoffnung aber ist, dass wir auch andere Beziehungen knüpfen. Beziehungen der Fürsorge, wie sie sich im gemeinsamen Putzen von besetzten Plätzen, in solidarischen Küchen und Kliniken zeigen. Und neue globale Beziehungen, wie sie bei der Seenotrettung zum Ausdruck kommen, oder wenn eine Baufirma im bayerischen Winhöring, wenn Pflegekräfte in Augsburg und eine Schulklasse in Nürnberg verhindern, dass ihr Kollege bzw. Mitschüler ausreisen muss. Geschichten der Solidarität mit Unterdrückten und zwischen Unterdrückten sind da, wir müssen sie uns aber immer wieder vergegenwärtigen und weitertragen.

Weil *Pride* mich bewegt hat, erwähne ich den Film an einem der zähen Abende im Neonlicht der Besprechungen der Münchner Asylhelferinnen, als es darum geht, mit wem sie ein Großereignis »zum Sturz der CSU« stemmen könnten. Einige kennen und lieben den Film ebenfalls. Weil manche ihn noch nicht gesehen hatten und sich die Gruppe nicht immer nur bei trockenen Keksen zum Arbeiten treffen will, verabreden sie einen Videoabend. Im Februar 2018 sitzen sie bei heißer Suppe (Lechners Freund Abolfazl aus Teheran hat Grippe) und manche mit Perücken (Bayern feiert Fasching) zusammen.
  Im Film wie im tatsächlichen Geschehen von 1984 geben sich die Aktivist*innen um Mark Ashton – in Eile, ein Plakat muss gedruckt werden – den Namen *Lesbians and Gays Support the Miners*. »Nicht gerade ein Name für eine Band«, ruft jemand im Film.
  Thomas Lechner lacht. »Das ist wie bei uns! *Gemeinsam für Menschenrechte und Demokratie*: nicht gerade ein Name für eine Band!« Der Film zeigt, wie der tatsächliche Bergarbeiter-

streik ausging: Die Bergleute verloren gegen die Regierung Thatcher, die Zechen wurden geschlossen oder privatisiert, die Niederlage schwächte das Selbstbewusstsein der Arbeiterbewegung und bestärkte Thatchers wirtschaftlichen Kurs. In der letzten Szene des Films trifft sich ein Jahr später, 1985, Ashtons Gruppe wieder zum *Gay Pride*, sie sind nicht viele. Doch als sie sich gerade zum Demonstrationszug aufstellen, kommt ein kleiner Bus mit den Bergleuten aus Wales, dahinter zwei weitere Busse. Die Bergleute bilden in diesem Jahr die Spitze des *Pride*-Zuges für die Rechte der Queers. Das war tatsächlich so. Die Stimmen der National Union of Mine Workers ermöglichten außerdem noch im selben Jahr beim Labour-Parteitag erstmals die Annahme von Anträgen für eine Politik der Rechte von LGBTs.

»Und wir stürzen jetzt mit allen zusammen Seehofer«, ruft jemand nach dem Film.

Stürzen? Naja, denke ich. »Mit allen zusammen« aber stimmt. Denn in den letzten Wochen wurde Lechner und den anderen immer klarer: Sie wollen für ihre Großdemo nicht nur Gruppen aus der Flüchtlingshilfe mobilisieren, sondern alle, denen die sich zuspitzende rechte Politik zu schaffen macht. Deswegen haben sie zu einem großen Bündnis gerufen.

Anfang Februar 2018, 19 Uhr

In einer kalten Münchner Konzerthalle sitzen Asylhelferinnen, Seenotretter, afghanische Aktivistinnen, Friedensinitiativen, Slut-Walk-Aktive, DGB-Jugend, Caritas, Lederkutten vom Motorradclub Kuhle Wampe, eine Aktivistin der gerade entstehenden Gruppe *Solidarity City München* sowie Lokalpolitikerinnen von Grünen, SPD, Linkspartei, Piraten und kleineren Parteien. Sie sind rund 70 Leute. Ihr gemeinsamer Nenner ist der Widerstand gegen den »Rechtsruck«.

Und weiter? Was ist der Plan? »Wir brauchen am Ende des Abends«, sagt Lechner zu mir, ehe er alle begrüßt, »einen Termin für die Planung einer Großdemo.« »Wenn das heute mit dem Bündnis nichts wird, dann muss ich mein politisches

Engagement zurückfahren, ich kann nicht mehr«, sagt Elvira Bittner. Zwar hat Matin Rasoli den Ausbildungsplatz zum Krankenpflegehelfer endlich bekommen, aber die Jahre des Briefeschreibens, der Kleinstdemos und Proteste haben sie erschöpft.

»Wir gehen vor die Hunde«, sagt Lechner nach der Begrüßung einleitend. »Die Geflüchteten brechen die Ausbildungen ab, sind demotiviert, greifen zu Alkohol, es gibt Suizide. Die Flüchtlingshelfer brechen physisch zusammen, werden ebenfalls ausgegrenzt und stigmatisiert. Der Rechtsruck ist aber auch in euren Themenfeldern spürbar. Wir müssen jetzt alle zusammenführen, die nicht mehr einverstanden sind. Aus vielen kleinen ›Wirs‹ muss ein großes ›Wir‹ werden.« Lechner fordert alle auf, zu sagen, wie sie den Rechtsruck erleben, und was aus ihrer Sicht jetzt nötig ist. 70 Hände gehen hoch.

Wie soll das gehen? Manche Augen weiten sich. Es ist bald acht Uhr, fast alle haben einen Erwerbsarbeitstag hinter sich. Ich auch. Scheiß Partizipation, denke ich. Reiß dich zusammen, schränke ich mich schnell wieder ein. Ich versuche mich zu konzentrieren. Ein Jahr habe ich die sich politisierende Helferszene Münchens jetzt begleitet. Das Tribunal haben sie abgeblasen, sie haben Diskussionsforen zu den Themen aus der Vollversammlung veranstaltet, haben eine Demo mit 100 Leuten gemacht sowie eine mit 3000 für Arbeits- und Ausbildungsmöglichkeiten für Asylsuchende. Doch die öffentliche Resonanz war gering. Gleichzeitig verschärfte die Bundesregierung die Asylgesetze, die CSU erklärte den Familiennachzug zum Problem, spricht von Asyl-Ersuchen, als seien sie freiwillig (»Asyl-Tourismus«), und von den Helfenden, als würden sie Geschäfte machen (»Anti-Abschiebe-Industrie«). Kann das mit den Versammelten hier was werden? Kann sich hier das progressive Lager Gehör verschaffen?

Einzeln treten sie jetzt nach vorne an die Pinnwand. Es geht um Fluchtursachen, rassistische Anfeindungen und das verschärfte Asylverfahren, um geplante Proteste vor Abschiebelagern und solche gegen Rüstung und gegen die Münchner Sicherheitskonferenz. Einige äußern Bedenken, die Gegenwart hätte Parallelen zum deutschen Faschismus, andere widersprechen heftig. Vieles wiederholt sich.

Um halb zehn gehen die ersten.

»Du musst das abkürzen«, zischt jemand Thomas Lechner zu.

»Es müssen aber alle zu Wort kommen dürfen«, zischt er zurück.

Etwas später wird das Themenfeld breiter, jetzt geht es auch um Fragen von Wohnungsnot, um Angst vor den Protesten gegen Sexualaufklärung, um die Ausgrenzung von psychisch, geistig und körperlich eingeschränkten Menschen. »Es muss Schluss damit sein, dass von oben bestimmt wird, wer Mensch ist, und wer nicht«, sagt jemand. »Wenn alle Menschen mit Migrationshintergrund einen Tag zu Hause blieben, hätten wir ein Riesenproblem, zum Beispiel in der Pflege, da würden Menschen sterben«, sagt jemand anderes. »Wir müssen uns zusammentun«, sagt einer von der Kleinpartei MUT. »Habt ihr den Film *Pride* schon mal gesehen?« Einige nicken. Lechner, Nirschl, Bittner und die anderen lächeln. Eine Feedback-Schleife, denke ich, die Geschichte der Allianz hinterlässt Spuren, auch heute Abend.

Um halb zehn sind 20 Leute weg.

»Bitte fasst euch kurz«, sagt Lechner.

Nach über drei Stunden haben alle gesprochen, die wollten, und zwei Drittel der Leute sind noch da. Kurz bevor sich alle erheben, ruft noch wer einen Folgetermin in den Raum. Thomas Lechner ist zufrieden. Ich gehe erschöpft nach Hause. Hat es sich gelohnt, dass hier alle zu Wort gekommen sind? Oder kommt beim nächsten Mal niemand mehr?

Doch vier Wochen später sitzen am gleichen Ort wieder 50 Leute aus verschiedenen Einrichtungen mit unterschiedlichen thematischen Anliegen und konkretisieren den Plan einer Großdemo vor der bayerischen Landtagswahl. Eine Handvoll Leute rund um *Gemeinsam für Menschenrechte und Demokratie* arbeitet nun jeden Tag an deren Vorbereitung: Pressearbeit, Spenden sammeln, Plakate entwerfen, Rednerinnen und Künstler anfragen. Das alles ist nur möglich, weil manche spontan in ihren Erwerbsjobs reduzieren können, weil eine weitere gerade zwischen zwei Jobs mehrere Monate frei hat und eine andere frühberentet ist. Gemeinsam erarbeiten sie das Demo-Motto: »ausgehetzt«. 5000 Menschen melden sie für den 22. Juli 2018 an. Doch wenn alle im Bündnis in ihren Szenen mobilisieren – so hoffen sie –, könnten sie 20.000 werden.

Wir dürfen Differenzen nicht leugnen. Diskussionen darüber, welche Probleme am drängendsten, welche Gegnerschaften am größten, welche Widersprüche haupt-, welche nebensächlich sind, können fruchtbar sein. Doch Kämpfe für mehr Pflegepersonal, für Bewegungsfreiheit, für ein Leben in Einklang mit der Natur und für Toiletten für alle können wir als Teil eines großen Ganzen verstehen, statt sie als singulär zu begreifen. Wir müssen die Geschichten, in denen sich längst solidarisches Handeln zeigt und noch mehr Begehren sichtbar wird, öfter als bisher verknüpfen. Nicht dauerhaft, aber zu bestimmten Momenten, öfter unerwartet und ohne Erwartung einer Gegenleistung. Progressive Kräfte, lange zerschlagen in liberale und Klassenkämpfer*innen, müssen über ihren Schatten springen und dürfen nicht länger alles zerpflücken, was nicht im Detail ihrem eigenen Konzept entspricht. Wir können soziale, ökologische, migrationspolitische und queerfeministische Konzepte langfristig zu einer *tiefroten und radikal bunten* Erzählung verbinden. Der Journalist Sebastian Friedrich und der Linkspartei-Politiker Bernd Riexinger sprechen in ähnlichem Zusammenhang von einer »Neuen Klassenpolitik«.[132] Viele Fragen werden erst entstehen. Und die neuen Beziehungen werden »knarzig-flirrend« sein, also bindend und konfliktreich, wie Bini Adamczak beschreibt.[133] Aber die Konzepte von *Care Revolution*, *Buen Vivir*, *Solidarischen Städten* und ein weitgefasstes, die dichotome Ordnung sprengendes Verständnis von *Queerness* teilen die gleichen Analysen. Vor allem drei.

Anders als bisherige Erzählungen erkennen die Konzepte eines guten Lebens, wie ich sie hier zusammenfassend nenne, unsere *Abhängigkeit* an. Abhängigkeit von Fürsorge in unserem Alltag sowie Abhängigkeit von Menschen und Natur weltweit, da wir in Zeiten von Klimakrise und globalem Kapitalismus nicht mehr – wie früher die Kulturen der Maya und das Römische Reich – unabhängig voneinander existieren. Klar ist auch, dass wir unsere Fürsorgebeziehungen, wenn wir ihre Unumgänglichkeit anerkennen, sehr viel freier als bisher wählen können müssen. Dass wir vor allem andere Konzepte von Familien brauchen, zum Beispiel eine Elternschaft von bis zu vier Personen, wie die Grünen es mal vorsahen. Außerdem müssen wir die Orte mit guten Lebensbedingungen frei wählen können, anstatt Wohnorte wie bisher nach der Pässe-Lotterie zu vergeben. Diese Anerkennung von Abhängigkeit führt dazu, dass wir die Gesundheit von Menschen und Natur überall miteinbeziehen, Logiken und Philosophien vermeintlich Anderer als Wissen anerkennen. Die Abhängigkeit von *Care*, von der Natur und die globale Abhängigkeit führen zwangsläufig dazu, die Welt als eine einzige Sphäre zu begreifen, nicht als zwei getrennte, in denen der Systemadministrator im Verwaltungsgebäude eines Krankenhauses mehr verdient als die Krankenschwester auf Station.

Gemeinsam haben die hier geschilderten Ideen eines guten Lebens auch die Analyse, dass wir unser Leben und Arbeiten an *Bedürfnissen* statt an Profitabilität ausrichten müssen. Das betrifft mindestens die Daseinsvorsorge wie Gesundheit, Bildung, Ernährung, Wohnen, Energieversorgung und Mobilität – profitorientierte Industrien und ein paar Rolex-Uhren kann es am Ende zur Not noch geben. Vor allem die Analysen von Fürsorge und *Buen Vivir* zeigen: Der Kapitalismus ist nicht so weit ausgebreitet, dass es keine weißen Flecken mehr auf der Landkarte gäbe. Zwar gibt es keine Flecken mehr in der Größe von Nationen. Es gibt aber viele kleine weiße Flecken in unserem Alltag: Familien- und Hausarbeit, die Lebensweise und Philosophie der verbliebenen indigenen Kulturen, öffentliche, noch nicht privatisierte Güter, das tägliche Ehrenamt der Hälfte der Menschen der Bundesrepublik. »Wir müssen den Kapitalismus langfristig aushöhlen«, erklärt mir der US-amerikanische Soziologe Eric Olin Wright 2017. Er spricht von einem Dreieck, an dessen Ecken der Staat, das Kapital und die Gesellschaft stehen, alles dazwischen ist ein Kontinuum. Wir müssen die Gesellschaft dort, wo wir mehr eigenen Einfluss ersehnen, ausweiten und gegenüber Staat und Kapital ermächtigen. Das wird heftige Gegenwehr hervorrufen, so Wright, als Beispiel nennt er die baskische Genossenschaft Mondragon. 70.000 Menschen bauen dort Autos, Haushaltsgeräte, errichten Universitäten, alle sind Eigentümer*innen. Doch auf Druck von VW mussten sie mit einem Zulieferunternehmen in Brasilien zusammenarbeiten, sodass dort heute Angestellte für sie arbeiten, was dem Genossenschaftsgedanken zuwiderläuft. Völlig offen ist auch, wie transnationale Konzerne zu regulieren sind. Doch wir können kapitalistische Prinzipien auf vielen Ebenen zurückdrängen und tun das teilweise auch schon. Wir können uns in *solidarischen Ökonomien*, in *Commons*-Gemeinschaften und *Gemeinwohlökonomien* organisieren. Städte und Kommunen können sich auf europäischer Ebene gemeinsam der neoliberalen Logik und der Kürzungspolitik des EU-Fiskalpaktes widersetzen. Wir können aber auch klassisch über Parteien dort nach staatlichen oder überstaatlichen Maßnahmen verlangen, wo wir es für sinnvoll halten. So können wir, um wirklich Zeit für *Care*-Arbeiten und ein *gutes Leben* zu haben, mit europaweiten, branchenübergreifenden Kampagnen eine Politik der kurzen Vollzeit anstreben, wie es der Soziologe Klaus Dörre vorschlägt.[134] Wir können eine andere Steuerpolitik und Daseinsvorsorge verlangen. Rund 80 Prozent der Menschen in der Bundesrepublik wollen – trotz neoliberal geprägter Affekte gegen einen »starken Staat« – mehr staatliches Engagement für Pflege, für benachteiligte Kinder und für ein gutes Leben im Alter ohne Armut. Und diese 80 Prozent wollen für diese Aufgaben höhere Steuerbeiträge von Personen mit sehr hohen Einkommen und großen Vermögen.[135]

Gemeinsam ist den Ideen eines guten Lebens schließlich, dass wir *neue Beteiligungsformen* brauchen. Offen ist, wie genau diese aussehen, wie sie überregional weitergetragen werden können, in welchen Bereichen Computer unseren Bedarf gut messen können. Offen ist auch, welche Anliegen wir lokal, welche auf europäischer Ebene, welche wir global beraten und entscheiden müssen, ob wir die Beratenden auslosen oder wählen. Ideen brauchen wir dafür, wie wir verhindern, dass sich in Räten und Stadtteilversammlungen nur wortmächtige Menschen und solche mit Freizeit einbringen und durchsetzen. Lösungen brauchen wir auch dafür, ob wir öffentliche, legitimierte Strukturen brauchen, die die Interessen aller im Blick haben, auch derer, die auf politische Teilhabe gar keinen Bock haben. Klar ist aber schon jetzt, dass wir, um die Stimmen, die Träume, die Bedürfnisse und die Begehren der Vielen zu erfassen, neue Räume und Formen der Partizipation brauchen, lokalere, nach Interessen oder Berufsgruppen ausgerichtete, statt nur Parteien mit nach wie vor starken Hierarchien und Machtinteressen. So können wir beraten, wie ein Leben und Arbeiten nach Bedürfnissen möglich ist, welche Interessen welchen entgegenstehen, welche Arbeiten wir für gesellschaftlich sinnvoll erachten. Wollen wir Glyphosat und ähnliche Produkte der Chemie, Landwirtschaft und Nahrungsmittelindustrie? Wollen wir Produkte mit geplanter Obsoleszenz und Rasthoftoiletten mit Zugangssperren? Wollen wir Produkte wie Werbung haben, die meistens nur der Konkurrenz geschuldet sind und Menschen davon abhalten sollen, das Produkt der Konkurrenz zu kaufen? Wollen wir eine bauliche Umwelt, die depressiv macht, wie Gewerbegebiete und ähnliche »Hässlichkeiten des Kapitalismus«[136] (Meinhard Creydt)? Vermutlich werden Räte das anders beantworten als Beratungsunternehmen.

22. Juli 2018, München
Um 13 Uhr stehe ich im stärksten Platzregen, den ich je erlebt habe, zwischen Hunderten von Regenschirmen und Men-

schen in nassen Sandalen, Sneakers und Socken. Darunter Asylhelfer*innen und Geflüchtete aus ganz Bayern. Sind es 1000? Oder 2000? Ich kann es nicht sehen. Minutenlang passiert gar nichts, alle stehen verstört im Regen. Neben mir liegt auf Rollen ein zwölf Meter langes Gummiboot. Eine Seenotrettungsinitiative hat es gebracht, 2016 flohen darin 120 bis 150 Menschen aus Libyen. Auch Abdulai Barrie, der gerade zufällig neben mir und dem Boot im Regen steht, und mit dem ich ins Gespräch komme, saß mal in einem solchen, wie er erzählt. Heute ist er mit seinem Münchner Freund Hannes Neugebauer, der neben uns steht, bei den *Rainbow Refugees* aktiv für Geflüchtete, die wegen ihrer Homosexualität Asyl in der Bundesrepublik suchen.

Hier am Goetheplatz sollen alle migrationspolitisch Engagierten sich sammeln. Im Laufe der Demo sollen die anderen Bewegungen dazustoßen und so – physisch sichtbar – zu einem Zug zusammenfließen. Das Gummiboot und die Leute um mich herum setzen sich in Bewegung. Durch die Schirme und den Regen kann ich mir keinen Überblick verschaffen. Nach ein paar hundert Metern sehe ich: es sind mindestens 5000. Ich lasse die Demo vorbeiziehen und sehe kein Ende, auf Twitter heißt es jetzt: 15.000. Nach ein paar Kilometern stößt der Block der Aktivist*innen gegen das bayerische Polizeiaufgabengesetz dazu. Ein paar Kilometer weiter der queerfeministische Block. Schließlich vor dem DGB-Haus der sozialpolitische. Mit der U-Bahn versuche ich die Spitze des Zuges einzuholen, doch die U-Bahn ist verstopft von Menschen, die zur Abschlusskundgebung wollen. Twitter sagt, die ersten kämen schon an, während die hinteren erst losgehen.

»Vor so vielen Menschen habe ich noch nie gesprochen«, sagt mir Claus-Peter Reisch zwei Stunden später hinter der Bühne der Abschlusskundgebung auf dem Münchner Königsplatz. Der Kfz-Mechatroniker aus der bayerischen Stadt Landsberg rettet Menschen in Seenot aus dem Mittelmeer, sofern die EU ihn lässt, gerade ist er auf Malta deswegen angeklagt. »Gestern war ich das erste Mal in meinem Leben auf einer Demo, mit 600 Leuten, in Freiburg. Und heute spreche ich vor 40.000 oder 50.000.«

So viele sind tatsächlich hier, schreiben später die Medien. Reisch tritt auf die Bühne. Jubel.

»Die *Lifeline* hat in vier Rettungsaktionen 450 Menschen das Leben gerettet«, sagt Reisch. Die Zehntausenden vor ihm verstummen. »Ich habe nichts falsch gemacht«, sagt er. Atemlose Ruhe setzt ein. »Machen Sie eine Konferenz, Frau Merkel, und wir suchen gemeinsam eine Lösung, dass unsere Schiffe wieder fahren.«

Nach und vor Reisch macht Bayerns Kulturszene Programm, prominente Musikerinnen und Kabarettisten hatten in den letzten Wochen entschieden, die Demo zu unterstützen.

»Genau das wollten wir«, sagt Thomas Lechner. Als es 20 Uhr schlägt, gucken er und die anderen hinter der Bühne auf dem Handy *Tagesschau.* Sind sie drin? Ja. Allerdings nur am Anfang und Ende eines Beitrags über die Sommerinterviews mit AfDler Jörg Meuthen und dem FDP-Parteivorsitzenden Christian Lindner. Meuthen will eine engere Zusammenarbeit aller rechten Parteien in Europa, und Lindner will, dass Deutschland und Frankreich an der Grenze wieder Menschen abweisen. Immerhin endet der Beitrag damit, dass die Münchner Demo zeige, wie gespalten die Gesellschaft in Migrationsfragen und politischer Rhetorik sei. Das ist nicht ideal, trotzdem fallen sich Thomas Lechner und die anderen von *Gemeinsam für Menschenrechte und Demokratie* in die Arme. Die *Süddeutsche Zeitung* schreibt etwas später über ihre Demonstration: »Politisch ist in München einiges in Bewegung geraten – außerhalb der Parlamente.«

Wenige Wochen später kommen zwei Aktivistinnen aus Berlin zu Besuch nach München, auch sie wollen verschiedene Bewegungen noch diesen Herbst zusammenbringen. Sie tauschen sich mit dem »ausgehetzt«-Bündnis aus. Am 13. Oktober gehen in Berlin unter dem Motto »unteilbar« 230.000 Menschen auf die Straße, die größte Demo in der Bundesrepublik seit den Protesten gegen den Irakkrieg 2003. »Lasst uns gemeinsam weitergehen (...) mit utopischer Lust und Phantasie«, sagt dort auf der Bühne die Publizistin Carolin Emcke. Und die Kabarettistin İdil Baydar erklärt als ihre Kunstfigur Jilet Ayşe: »Ich komme direkt vom Zentralrat der Kanaken. Die wollen, dass ich euch wissen lasse: Wir sind unteilbar!«

Bundesweit demonstrieren Menschen in diesem »Herbst der Solidarität«, wie ihn manche nennen: 50.000 für den Hambacher Forst, 30.000 migrationspolitisch Engagierte bei *We'll come united* in Hamburg, 100.000 zu Aktionen der Seebrücke in vielen Städten, 40.000 gegen die Ausweitung der Polizeiaufgaben, 65.000 bei *Wir sind mehr* in Chemnitz. »Die neuen besorgten Bürger«, nennt der Journalist Raphael Thelen sie auf Twitter.

Auf der Straße, in der Bar, im Bett, in der Kantine, im Kindergarten – überall können wir versuchen, gemeinsam eine neue Erzählung zu schaffen. Die Erzählung, die wir selbst erzählen wollen. Die hier versammelten Ideen sind nur Anregungen von Menschen, die gerade oder schon länger nach Ideen für ein besseres Leben suchen – jede*r kann sie hinterfragen oder seine Geschichten hinzufügen.

Wir können darauf hinweisen, dass wir nur durch Fürsorge am Leben sind, wenn wieder jemand behauptet, jeder wäre sich selbst der Nächste. Wir können weinende oder fürsorgende Männer anerkennen. Wir können aufhören, Vielflieger als kosmopolitische Avantgarde zu feiern. Wir können widersprechen, wenn es heißt, Frauenbeziehungen wären Zickenkriege, und können es als weiteren Versuch benennen, durch Teilung zu herrschen. Wir können in Erzählungen über die Vergangenheit, die Gegenwart, die Zukunft schwelgen. Wir können diskutieren, welche der denkbaren Zukünfte wahrscheinlich ist, welche ersehnt, plausibel, möglich, präferiert. Erzählungen ermöglichen uns, »Was wäre, wenn?« zur Leitfrage zu machen. Was wäre, wenn wir dies oder jenes stark regulieren würden? Zum Beispiel Banken. Was wäre, wenn die oder die anderen regieren würden? Zum Beispiel Kinder. Was wäre, wenn wir dies oder jenes überhaupt nicht mehr beachten würden? Zum Beispiel Unternehmensberatungen. Was wäre, wenn wir uns mit diesem oder jenem einfach nicht mehr beschäftigen würden? Zum Beispiel mit inhaltsleeren Machtspielen in Parteien. Was wäre, wenn wir auf die Frage »Was machst du so?« nicht mit unserer Erwerbsarbeit antworteten? Sondern von der Theatergruppe am Montag erzählten. Erzählungen ordnen Ereignisse, vermitteln Werte, können Meinungen aufbrechen, Meinungen verfestigen, Identität stiften. Erzählungen ermöglichen uns, das weiterzugeben, was mit unserem Leben korrespondiert und uns wahrhaftig erscheint – und es mit dem zu verbinden, was wir ersehen. Denn wir müssen dabei nicht nur in der Möglichkeitsform sprechen. »Die neue Gesellschaft wächst in der alten heran«, schrieb Elmar Altvater in *Das Ende des Kapitalismus, wie wir ihn kennen* (2005).[137]

Selbst wenn wir nicht sofort eine eigene neue linke Erzählung stricken, können wir schon jetzt anfangen anzuerkennen, dass wir in Erzählungen leben. Wir können anfangen, ihnen zu widersprechen, wenn sie den Reality Check nicht bestehen. Wir können anfangen, Geschichten zu erzählen, die andere auslassen, wie die Geschichten von Frauen, Armen, Migrant*innen. Bei den großen Bewegungen des Arabischen Frühlings, den Platzbesetzungen auf dem Höhepunkt der Finanzkrise, dem Sommer der Migration, dem Herbst der Solidarität und den Pflegestreiks deuteten Menschen ihre Geschichten selbst. Auch im Netz erzählen Menschen in den letzten Jahren Geschichten, die die Notwendigkeit einer Erzählung in *tiefrot* und *radikal bunt* zeigen. Geschichten von sexistischer Unterdrückung bei #MeToo, von rassistischer Unterdrückung bei #MeTwo, von klassistischer Unterdrückung bei #unten. Die Reaktion des CDU-Politikers Erwin Rüddel auf die Schilderungen von Pflegekräften über die Zustände in Krankenhäusern und Heimen – die Pflegekräfte sollten bitte anfangen, »gut über die Pflege zu reden« – zeigt, wie sehr Geschichten die bisherigen Weltendeuter und ihre Erzählungen stören. Nicht alle Geschichten werden gleich verfangen. In den ZDF-Sommerinterviews 2018 ging es trotz Pflegestreiks und Hashtags nur 26 Sekunden um Gesundheit und Pflege, dagegen 78 Minuten um Migration und Flucht. Wichtige Themen wie sexualisierte Gewalt schafften es aber vor allem durch Geschichten wie die Schilderungen unter #aufschrei und #neinheißtnein in die Debatten. Und in die Parlamente: Handlungen, die lange als »Grapschen« galten und als Beleidigung bestraft wurden, gelten seit 2016 als sexuelle Belästigung. An dieser Strafrechtsänderung war leider auch die (aus Geschichten bestehende) Debatte über die Herkunft der Täter in der Kölner Silvesternacht 2015/2016 mitentscheidend, doch auch die zahlreichen Geschichten über sexualisierte Übergriffe im Alltag und im Beruf haben mit dazu beigetragen. Geschichten haben Geschichte gemacht.

Eine große Erzählung aus den vielen kleinen Geschichten zu machen ist nicht einfach. Wir brauchen dazu viele Stimmen und Geduld. »Weder vollzieht sich der Sturz der alten Ordnung an einem Tag, noch ist dieser Sturz überhaupt das entscheidende Moment einer Revolution«, schreibt Bini Adamczak in *Beziehungsweise Revolution*.[138] Sie spricht hier und im Folgenden von Revolutionen, doch was sie sagt, trifft meines Erachtens auch auf emanzipatorische Erzählungen zu. »Wirkliche Revolutionen entziehen sich als ungleichzeitige, auseinanderdriftende, mikropolitische, missverständliche den großen Bildern, zu deren Anfertigung nicht zuletzt sie selbst animiert haben. Tatsächlich besteht ihre von Erwartungen aufgeladene chaotische Praxis in einem heilvollen Durcheinander.« Auch eine neue linke Erzählung muss also mit ungleichzeitigen, auseinanderdriftenden, mikropolitischen, missverständlichen Geschichten und einem heillosen Durcheinander beginnen. Erst nach und nach wird daraus ein großer Entwurf eines richtigeren Lebens.

»Wir müssen den Satz reinschreiben, dass der globale Kapitalismus Ursache für die Flucht ist«, sagte jemand aus dem *ausgehetzt*-Bündnis beim Versuch, ein Manifest für das Bündnis zu schreiben. »Nein, bloß nicht«, sagte eine anwesende Linkspartei-Politikerin. »Das mit dem Antikapitalismus schreckt viel zu viele ab.« Alter, dachte ich, sogar der Papst ist gegen den

Kapitalismus (und der ist sonst kein Menschenfreund, er stellt Abtreibungen mit Auftragsmorden gleich), und auch die Bundesregierung hat 2018 erklärt, dass gegen den Kapitalismus zu sein verfassungskonform ist.

Viele verschiedene Stimmen zuzulassen heißt nicht, dass alles gleich und beliebig ist und wir uns schon mit wenig zufriedengeben müssen. Auch im Zuge der Erfolge der jungen, migrantischen, weiblichen und teilweise sozialistischen Demokrat*innen bei den US-Midterm-Wahlen Ende 2018 gab es Aufrufe zur Mäßigung der Demokraten: Das Land sei schließlich schon so gespalten, weil Trump ja schon so radikal sei. Was aber, denke ich, wenn die jungen Demokrat*innen genau dafür gewählt wurden, dass sie sich vom Neoliberalismus der Partei radikal absetzen und Geschichten in *tiefrot* und *radikal bunt* verbinden? Die Rhetorik der ins Repräsentantenhaus gewählten 29-jährigen Aktivistin Alexandria Ocasio-Cortez »integriert ihre Identität als Latina und Frau in ein Narrativ, das untrennbar ist von ihrer gesellschaftlichen Stellung als Arbeiterin«, schreibt Loren Balhorn 2018 im *Adamagazin*.[139] »Diese Aspekte ihres Lebens werden nicht gegeneinandergestellt, sondern zusammengedacht, sowohl in ihrer biografischen Erzählung als auch in ihrem Wahlprogramm. Soziale Forderungen werden in den Mittelpunkt gestellt. Nicht, weil sie wichtiger wären als Fragen von struktureller gesellschaftlicher Benachteiligung oder Diskriminierung, sondern weil sie die Grundlage darstellen, auf der wirkliche Freiheit für alle erlangt werden könnte.«

Die Zeiten sind nicht so gewalttätig und bedrohlich, dass wir nur noch Minimalforderungen stellen können. Die Zeiten sind so gewalttätig und bedrohlich, dass wir unbedingt weiter gemeinsam unseren eigenen Weg finden, gehen und ebnen müssen. Nicht ganz ohne Kompromisse – aber nur mit Kompromissen in die richtige Richtung.

»Die Welt, in der wir heute leben, ist nicht gesund«, sagt ein Content-Moderator aus Manila auf den Philippinen im Dokumentarfilm *The Cleaners* (2018) von Hans Block und Moritz Riesewieck. Der Film zeigt diejenigen, die von Facebook, Youtube und Twitter dafür bezahlt werden, die extrem bedrängende Gegenwart von unseren Bildschirmen und Handydisplays fernzuhalten: angeschwemmte Tote im Mittelmeer, Hinrichtungen durch Terrormilizen wie IS, Live-Videos von Suiziden, Bilder von Folter, Hunger, Mobbing, Bomben. Die Content-Moderator*innen, meistens Arme im Globalen Süden, sehen so viele Bilder von Enthauptungen, dass sie schon nach wenigen Tagen erkennen können, ob ein Mensch mit einem Küchenmesser oder einer Machete ermordet wurde, sie sehen auch Live-Videos von Suiziden und Bombenabwürfen. Wenige machen die Arbeit länger als ein halbes Jahr, viele Content-Moderator*innen haben sich das Leben genommen, manche vor ihrem Laptop. Aus dieser bedrängenden Gegenwart, von denen die Glücklichen im Globalen Norden nur wenig detaillierte Bilder täglich in echt oder auf dem Bildschirm vor Augen haben, brauchen wir einen Ausweg.

Spätestens jetzt müssen wir erkennen, dass das Ende der großen Erzählungen nicht gegeben und nicht geboten ist. »In anderen Zeiten, beispielsweise in den 1920ern, hätte man mit der Parole »Eine andere Welt ist möglich« niemanden auf die Straße locken können. Weil das selbstverständlich war«, sagte mir Bini Adamczak zu Beginn meiner Suche. »Die Frage war nicht: Ist eine andere Welt möglich? Sondern: Welche wollen wir? Und wann wird sie eintreten, in einem Jahr, in einem Monat, oder übermorgen?«

Erzählen wird nicht der schnellste Ausweg aus der bedrängenden Gegenwart sein. Weder aus Kriegen, noch aus Menschenjagden, noch aus der kapitalistischen Gesamtlage. Die Suche nach einer neuen Erzählung wird dauern. Und sie muss Hand in Hand gehen mit konkretem Handeln. Weiter werden wir falschen Behauptungen widersprechen müssen. Weiter wird es Handarbeit bleiben, Menschen vor Brandanschlägen und Abschiebungen zu schützen. Weiter werden wir Gelder für Frauenhäuser sammeln und das Recht auf Abtreibungen und auf Informationen dazu in Parlamenten erstreiten müssen. Weiter werden vor allem diejenigen machtvoll die Welt stilllegen können, die sie am Bett oder am Band am Laufen halten. Die neue Unordnung braucht Spannung zwischen konkretem Handeln und einem umfassenden theoretischen Horizont. Von »revolutionärer Realpolitik« sprach Rosa Luxemburg in diesem Zusammenhang.

Die Suche nach einer neuen linken Erzählung ist risikoreich, ihr Ausgang offen – das unterscheidet sie vom rechten Konservatismus, wo alles beim Bewährten bleibt. Doch jeder utopische Gehalt stört die bestehende Ordnung. Die Utopie frei gewählter Identitäten, wie sie in Unisex-Toiletten zum Ausdruck kommen, stört Rechte genauso wie die Utopie globaler Bewegungsfreiheit, wie sie im solidarischen Handeln der Seenotrettung im Mittelmeer aufblitzt. Eine neue linke Erzählung wird Risse und Lücken haben, langfristig aber gelingt nur mit ihr der Ausweg aus der bedrängenden Gegenwart.

Anmerkungen

1 *Todesopfer rechter Gewalt: 169 Schicksale*, DIE ZEIT 7.9.2018; *Straf- und Gewalttaten von rechts: Was sagen die offiziellen Statistiken?*, Bundeszentrale für politische Bildung 6.2.2018; *Homophobie: Mehr Attacken gegen Schwule und Lesben*, DIE ZEIT 9.8.2017; *BKA-Statistik für 2016: 149 Frauen starben durch den Partner*, Tagesschau Online 24.11.2017.
2 Florian Diekmann, *Verteilung des Wohlstands. Wer profitiert wirklich vom deutschen Dauerboom?*, DER SPIEGEL 28.9.2018.
3 Didier Eribon, *Rückkehr nach Reims*, Berlin 2016, S. 78.
4 Édouard Louis, *Wer sie beleidigt, beleidigt meinen Vater*, DIE ZEIT 5.12.2018.
5 Interview mit Sebastian Friedrich, in: Sebastian Dörfler, Julia Fritzsche, *»Prolls, Assis und Schmarotzer!« Warum unsere Gesellschaft die Armen verachtet*, Bayern 2, 19.7.2015.
6 Florian Diekmann, *Alarmierende Statistik: Armutsrisiko steigt auf höchsten Stand seit Wiedervereinigung*, Spiegel 16.9.2016.
7 Sebastian Friedrich im Gespräch mit Timo Grampes, *Neue RTL-Sendung »Zahltag«: »Noch gefährlicher als die reinen Trashformate«*, Deutschlandfunk Kultur 24.7.2018.
8 Zur Analyse rassistischer Denkfiguren: Interview mit Manuela Bojadzijev, in: Julia Fritzsche, *Geschichten gegen den Hass. Eine Suche*, Bayern 2, 4.12.2016.
9 Raul Zelik, *Lieber frei als liberal*, Neues Deutschland 22.9.18.
10 Interview mit Andreas Kemper, in: Julia Fritzsche, *Geschichten gegen den Hass. Eine Suche*, Bayern 2, 4.12.2016.

11 Universität Bielefeld, Institut für interdisziplinäre Konflikt- und Gewaltforschung, *Das entsicherte Jahrhundert. Deutsche Zustände* 2011.
12 Shafagh Laghai, *Grenzen dicht! Europas Schutzwall in Afrika*, WDR 17.10.2018.
13 Franziska Schreiber, in: *Stern TV*, RTL 29.8.2018.
14 Keeanga-Yamahtta Taylor, *Von #BlackLivesMatter zu Black Liberation*, Münster 2017, S. 253.
15 Nancy Fraser, *Das Ende des progressiven Neoliberalismus*, in: Blätter für deutsche und internationale Politik 2/2017, S. 76.
16 Ina Praetorius, *Wirtschaft ist Care oder: Die Wiederentdeckung des Selbstverständlichen*, in: Heinrich Böll Stiftung, Wirtschaft und Soziales, Band 16, Berlin 2015, S. 32 und 44.
17 Eberhard Lämmert, *Erzählforschung. Ein Symposium*, Stuttgart 1982, S. VIII, zitiert nach: Grit Straßenberger, *Über das Narrative in der politischen Theorie*, Berlin 2005, S. 26.
18 Martha Nussbaum, *Gerechtigkeit oder Das gute Leben*, hg. v. Herline Pauer-Studer, Frankfurt/M. 1999, S. 46, zitiert nach: ebd., S. 25.
19 Albrecht Koschorke, *Hegel und wir*, Berlin 2015, S. 148.
20 Elisabeth Wehling, *Politisches Framing. Wie sich eine Nation ihr Denken einredet – und daraus Politik macht*, Köln 2016, S. 85, 104-106, zu Frame-Negierung: S. 52-57.
21 Jean-François Lyotard, *Das postmoderne Wissen: Ein Bericht*, hg. v. Peter Engelmann, Graz 1986, S. 135 und 14.
22 Bini Adamczak, *Beziehungsweise Revolution. 1917, 1968 und kommende*, Berlin 2017, S. 219.
23 Mark Fisher, *Kapitalistischer Realismus ohne Alternative?* Hamburg 2013, S. 92.
24 Luigi Wolf, *»Patienten wegstreiken«. Arbeitskämpfe an der Charité*, in: LUXEMBURG, 1/2013.
25 Joachim Fahrun, *Warnstreik: Rund 500 Charité-Mitarbeiter legen Arbeit nieder*, Berliner Morgenpost 27.4.2015.
26 Kai Biermann, *Pflege: Krank gespart*, ZEIT ONLINE 28.11.2017, in Zusammenarbeit mit *Report Mainz*/ARD.
27 Mark Fisher, *Kapitalistischer Realismus ohne Alternative?*, S. 50.

28 Interview mit Pflegerin Katrin Schröder vom Universitätsklinikum Augsburg, in: Ulli Wendelmann, *Allein auf Station. Wie weiter mit der Krankenpflege?*, Das Erste 3.9.18.

29 Bundesministerium für Familie, Senioren, Frauen und Jugend / Statistisches Bundesamt, Wiesbaden 2003: 11, zitiert nach: Gabriele Winker, *Care Revolution. Schritte in eine solidarische Gesellschaft*, Bielefeld 2015, S. 19 und 24.

30 Clara Zetkin, *Frauen für die Räte, die Frauen in die Räte!*, in: *Arbeiterbewegung und proletarische Frauenbewegung in der Weimarer Republik*, Frankfurt 1980, S. 68; zitiert nach: Christiane Sternsdorf-Hauck, *Brotmarken und rote Fahnen. Frauen in der Bayerischen Revolution und Räterepublik 1918/1919* Köln und Karlsruhe 2008, S. 52.

31 Toni Sender, *Die Frauen und das Rätesystem*, Rede auf der Leipziger Frauenkonferenz, 29.11.1919; zum Hausfrauenrat in Jena: *Tribüne der proletarischen Frau* (KPD) Nr. 2, vgl. Toshiko Sumizawa, *Die Deutsche Revolution von 1918/19 und die politische und gesellschaftliche Stellung der Frau*, in: *Frauenalltag und Frauenbewegung im 20. Jahrhundert*, Materialsammlung zu der Abteilung 20. Jahrhundert im Historischen Museum Frankfurt, Frankfurt/M. 1980; beides zitiert nach: ebd., S. 55 bzw. 50.

32 Mariarosa Dalla Costa, Selma James, *Die Macht der Frauen und der Umsturz der Gesellschaft*, Berlin 1978, S. 41.

33 Silvia Federici, Nicole Cox, *Counter-Planning from the Kitchen*, in: Silvia Federici, *Aufstand aus der Küche,* hg. v. Kitchen Politics, Münster 2012, *S.* 111.

34 Silvia Federici, *Die Reproduktion der Arbeitskraft im globalen Kapitalismus und die unvollendete feministische Revolution,* ebd., S. 29.

35 Silvia Federici, Nicole Cox, *Counter-Planning from the Kitchen*, S. 112.

36 Margaret Thatcher im Gespräch mit Douglas Keay, *Interview for Woman's Own (»no such thing as society«)*, 1987 [eigene Übersetzung der auf der Website der Margaret Thatcher Foundation veröffentlichten Fassung].

37 Silvia Federici, Nicole Cox, *Counter-Planning*, S. 118.

38 Nancy Fraser, *Who Cares? Die Ausbeutung der Sorgearbeit und ihre Krise*, in: Blätter für deutsche und internationale Politik, 4/2017, S. 105 f.
39 Gabriele Winker, *Care Revolution*.
40 Gabriele Winker, *Das Ganze der Arbeit revolutionieren!*, in: LUXEMBURG, 01/2018.
41 Gabriele Winker, *Care Revolution*, S. 160.
42 Ursula Knecht, Caroline Krüger, Dorothee Markert, Michaela Moser, Anne-Claire Mulder, Ina Praetorius, Cornelia Roth, Antje Schrupp, Andrea Trenkwalder-Egger, *ABC des guten Lebens*, Rüsselsheim 2012, S. 17.
43 Autor_innen-Kollektiv Werkstatt Care Revolution, *Sorge ins Zentrum einer Alternative zum Kapitalismus*, 2017, www.care-revolution.org.
44 Mark Fisher, *Kapitalistischer Realismus ohne Alternative?*, S. 57.
45 Renate Köcher, *Das Unbehagen im Kapitalismus*, Frankfurter Allgemeine Zeitung 23.2.2012.
46 Autor_innen-Kollektiv Werkstatt Care Revolution, *Sorge ins Zentrum einer Alternative zum Kapitalismus*, Link s. o.
47 Sabine Jainski, Ilona Kalmbach, *Der große Frauenstreik – Junge Spanierinnen machen Politik*, ARTE 11.4.2018.
48 Hintergrundinfos zum Dokumentarfilm *La buena vida – Das gute Leben* (2015) von Jens Schanze, www.dasguteleben-film.de.
49 I.L.A.-Kollektiv, *Auf Kosten anderer? Wie die imperiale Lebensweise ein gutes Leben für alle verhindert*, München 2017, sowie als Online-Dossier: www.aufkostenanderer.org.
50 A. Maddison, *The World Economy – A Millenial Perspective*. Paris OECD 2011; D. Nayyar, *The South in the World Economy: Past, Present and Future*, in: K. Malik & M. Kugler (Hrsg.), *Human Progress and the Rising South*. New York UNDP 2013; beides zitiert nach: ebd., S. 13.
51 GRAIN, *Food and Climate Change: The Forgotten Link*. 2011, zitiert nach: ebd., S. 61.
52 *Deutsche kaufen öfter fair*, Evangelisch Online 17.7.18.

53 Intergovernmental Panel on Climate Change (Hrsg.), *Climate change 2014: mitigation of climate change: Working Group III contribution to the Fifth Assessment Report of the Intergovernmental Panel on Climate Change*, New York, S. 606; Wuppertal Institut (Hrsg.), *Fair Future. Begrenzte Ressourcen und globale Gerechtigkeit*, München 2005, S. 81; beides zitiert nach: *Auf Kosten anderer?*, S. 78 bzw. 80.
54 Ebd., S. 84.
55 Europäische Umweltagentur, *Luftverschmutzung in Europa nach wie vor zu hoch*, 29.10.2018.
56 Heinrich Böll Stiftung & Airbus, *Oben. Ihr Flugbegleiter*, 2016, S. 15, zitiert nach: *Auf Kosten anderer?*, S. 81.
57 Carel Mohn, *143:1 – der Klimawandel ist praktisch kein Thema für die großen Polit-Talkshows von ARD und ZDF*, Klimafakten Online 9.1.2018.
58 Tadzio Müller, *Klimagerechtigkeit: Globaler Widerstand gegen den fossilen Kapitalismus*, in: Konzeptwerk Neue Ökonomie & DFG-Kolleg Postwachstumsgesellschaften (Hrsg.), *Degrowth in Bewegung(en)*, München 2017, S. 224.
59 Munir Muniruzzaman, notiert von Ingo Arzt, *Klimafolgen in Bangladesch: 25 Millionen Klimaflüchtlinge*, taz 10.12.2015
60 Tadzio Müller, *Klimagerechtigkeit*, S. 227.
61 Amitav Ghosh, *Die große Verblendung. Der Klimawandel als das Undenkbare*, München 2017, S. 23; zu Sandy: S. 40.
62 Stefan Rahmstorf, *Die Koalitionsgespräche und das deutsche Emissionsbudget*, Blog *Klimalounge – nah dran am Wandel*, SPEKTRUM Online 17.10.2017.
63 Amitav Ghosh, *Die große Verblendung*, S. 163.
64 Ebd., S. 185 f.
65 Ebd., S. 111 und 108.
66 Ebd., S. 107.
67 Elisabeth Wehling, *Politisches Framing*, S. 180 ff.
68 Ebd., S. 188 ff.
69 Julio Segador, *Dschungel statt Öl. Ecuador wartet auf Spenden für den Yasuní-Nationalpark*, Deutschlandfunk 10.10.2011.
70 Dirk Niebel, *Dschungel statt Öl?*, taz 23.9.2011

71 Johannes Süßmann, *»Buen Vivir«: Mutiges Verfassungskonzept droht zu scheitern*, Adveniat Online 16. 06.2016.
72 Christa Müller, *Urban-Gardening-Bewegung: Auf der Suche nach einem neuen Natur-Kultur-Verhältnis*, in: Degrowth in Bewegung(en), S. 392 ff.
73 Gualter Barbas Baptista, *Freie-Software-Bewegung: Re-Dezentralisierung des Internets und beispielhafte Entwicklung neuer Besitzverhältnisse,* ebd., S. 154 ff.
74 Jonathan Barth, Christoph Gran, Tanja v. Egan-Krieger, *Plurale Ökonomik als wesentliche Voraussetzung für die wirtschaftswissenschaftliche Bearbeitung von Degrowth,* ebd., S. 272 ff.
75 Peter Victor, *Ökonomie: Muss Wachstum sein?* SPEKTRUM Online 26.11.2010.
76 Janna Aljets, Katharina Ebinger, *Jugendumweltbewegung: Die sozial-ökologische Transformation mit Begeisterung vorleben*, in: *Degrowth in Bewegung(en)*, S. 218.
77 Jörg Staude, *Braunkohle schafft (viel) weniger Arbeit*, Klimaretter Online 12.4.2015.
78 Guido Speckmann, *Allianz zwischen Rot und Grün*, in: analyse und kritik Nr. 640, August 2018, S. 21; Meinhard Creydt, *Wie der Kapitalismus unnötig werden kann*, Münster 2014, S. 47 f.
79 Labournet, *Aufruf der Gelben Westen von Saint-Nazaire*, Labournet TV Online Dezember 2018.
80 Sophie Dezlhofer, *Aus alt mach neu. Wie nachhaltig ist Recycling in der Mode?*, Bayern 2, 12.8.2018.
81 Alberto Acosta, Ulrich Brand, *Radikale Alternativen. Warum man den Kapitalismus nur mit vereinten Kräften überwinden kann*, München 2017, S. 142 ff.
82 Samuel Decker, *Die Debatte erweitern*, analyse und kritik Nr. 634, Januar 2018, S. 17.
83 Alberto Acosta, Ulrich Brand, *Radikale Alternativen*, S. 107 und 155.
84 So Hermann Scheer 2001, zitiert nach: Meinhard Creydt, *Wie der Kapitalismus unnötig werden kann*, S. 150.
85 Silvia Federici im Gespräch mit Margarita Tsomou, *Eine andere Art Liebe*, Missy Magazine 1.11.2018

86 Silvia Federici, *Caliban und die Hexe. Frauen, der Körper und die ursprüngliche Akkumulation*, Wien 2015, S. 12 ff.

87 Institut für Demoskopie Allensbach im Auftrag des Bundesministeriums für Familie, Senioren, Frauen und Jugend, *Engagement in der Flüchtlingshilfe. Ergebnisbericht einer Untersuchung des Instituts für Demoskopie Allensbach*, Februar 2018, S. 8.

88 Elisabeth Wehling im Gespräch mit Eva Thöne, *»Es bleibt immer etwas hängen«*, SPIEGEL ONLINE 7.7.2018.

89 Patrick Guyton, Dinah Riese, *Um vier Uhr früh wird abgeschoben*, taz 26.11.2018.

90 Zur Forschung des Rechtswissenschaftlers Maximilian Pichl bzgl. der Beratung des BAMF durch McKinsey: Niklas Dummer, *»McKinsey verkauft parteiische Vorschläge als objektives Wissen«*, Wirtschaftswoche 4.5.2018; zu Entscheiden nach Textbausteinen: Eckhard Stengel, *BAMF-Affäre: Zweifel am Skandal mehren sich*, Frankfurter Rundschau 4.6.2018; sowie: Bernd Kastner, *Türkische Flüchtlinge: Asyl-Ablehnung mit veralteten Textbausteinen*, Süddeutsche Zeitung 4.12.2017.

91 Maximilian Kettenbach, *Schwere Vorwürfe bei Ausbildung von Asyl-Entscheidern*, Münchner Merkur, 14.6.18.

92 Franziska Holzschuh, *Hunderte BAMF-Entscheider nicht qualifiziert*, Nürnberger Nachrichten 3.6.2017; zur Erfolgsquote vor Gericht: Bundestagsdrucksachen 19/1371 vom 22.3.2018, S. 38 und 19/3148 vom 3.7.2018, S. 2; Berechnung s. »Faktencheck« zur Sendung *Die Anstalt*, ZDF 25.9.2018.

93 Silvia Stöber, *Was ist die »Konservative Revolution«?*, Tagesschau Online 8.1.2018.

94 Helene Heuser, *Städte der Zuflucht,* Netzwerk Fluchtforschung, Osnabrück, 24.1.2017.

95 Joseph H. Carens, *Ein Plädoyer für offene Grenzen*, in: Frank Dietrich (Hrsg.), *Ethik der Migration*, Berlin 2017.

96 Ebd., S. 168.

97 So auch: Peter Singer, *Die drinnen und die draußen*, ebd., S. 75.

98 Joseph H. Carens, *Ein Plädoyer für offene Grenzen*, S. 180.

99 Arash Abizadeh, *Demokratietheoretische Argumente gegen die staatliche Grenzhoheit*, ebd., S. 98 ff.

100 Michael Blake, *Das Recht zu gehen*, ebd., S. 232 ff.
101 Nelli Tügel, *Innerhalb oder jenseits des Nationalstaats*, analyse und kritik Nr. 639, August 2018, S. 25.
102 Demokratiezentrum Wien, *Neue Konzepte von Citizenship*, Demokratie Zentrum Wien Online.
103 Fabian Georgi, *Die Notwendigkeit offener Grenzen. Warum globale Bewegungsfreiheit ein linkes Essential sein muss*, analyse und kritik Nr. 634, Januar 2018, S. 28.
104 Uschi Götz, *Rüstungsindustrie: Zündstoff im Schwarzwald*, Deutschlandfunk 12.10.2017.
105 Albert Scherr im Gespräch mit Fabian Hillebrand, *Städte können Spielräume ausnutzen*, neues deutschland 7.8.2018.
106 Helene Heuser, *Sanctuary Cities in Deutschland: Widerstand gegen die Abschiebepolitik der Bundesregierung*, Verfassungsblog, 13.3.2017.
107 Gesine Schwan im Gespräch mit Helen Sibum, *Die Stadt als Chance,* www.deutschland.de 12.7.2017
108 Thomas Urban, *Spanien: Tödliche Zwangsräumungen*, Süddeutsche Zeitung 17.11.2012; heute erfolgen 90 Prozent der Zwangsräumungen wegen Mietrückständen statt mangelnder Kreditrückzahlungen; zum Fall von Noemí Sarango: Nicola Eißer, Julia Fritzsche, Kilian Geiser, Sandra Weber, *Zwischen Frust und Rebellion. Spaniens Jugend im Aufbruch*, Bayerisches Fernsehen 17.6.2012.
109 Moritz Steinbacher, Christian Stücken, *Not im Krankenhaus – München gehen die Pfleger aus*, BR Online 16.1.2018.
110 Andrej Holm, Sabine Horlitz, Inga Jensen, *Neue Wohnungsgemeinnützigkeit – Voraussetzungen, Modelle, erwartete Effekte*, Berlin 2017, S. 8 ff.
111 Andrej Holm, *Was tun gegen Mietenwahnsinn?*, Oxiblog 25.4.2018.
112 Ebd.; sowie: *Neue Wohnungsgemeinnützigkeit*, S. 14.
113 Lisa Vollmer, *Keine Angst vor Alternativen. Ein neuer Munizipalismus*, Zeitschrift Suburban, Bd. 5 Nr. 3, 18.11.2017; Raul Zelik, Hanno Bruchmann, Mario Candeias, *Rebellische Städte. Erfolg oder Frust?*, LUXEMBURG 2/2016.

114 Pressemitteilung des Bundesministeriums für Familie, Senioren, Frauen und Jugend, *Immer mehr Menschen engagieren sich ehrenamtlich*, 14.4.2016.
115 Bundesministerium für Familie, Senioren, Frauen und Jugend, *Lebenssituation, Sicherheit und Gesundheit von Frauen in Deutschland,* Berlin 2013, S. 15.
116 Lena Deutsch, Julia Fritzsche, *Mode. Leichtes Spiel oder striktes System?*, Bayerisches Fernsehen 8.9.2014.
117 Patu, Antje Schrupp, *Kleine Geschichte des Feminismus im euro-amerikanischen Kontext*, Münster 2015, S. 76 ff.
118 Katharina Rost, *Frauen mit Fliege. Die Popsängerin Janelle Monáe und ihr ambivalentes Accessoire*, in: Gertrud Lehnert, Maria Weilandt (Hrsg.), *Ist Mode queer? Neue Perspektiven der Modeforschung,* Bielefeld 2016, S. 100.
119 Ina Praetorius, *Wirtschaft ist Care*, u.a. S. 46.
120 Interview mit Barbara Vinken, in: Lena Deutsch, Julia Fritzsche, *Mode. Leichtes Spiel oder striktes System?*
121 Ebd.
122 Sonja Kull, *«Bin ich richtig hier?« Gender, Mode und WC-Zeichen*, in: *Ist Mode queer?,* S.201 f.
123 Britta Bannenberg / Justus-Liebig-Universität Gießen, Pressemitteilung *Abschlusstagung des Teilprojekts Gießen: Kriminologische Analyse von Amoktaten*, 23.6.2016.
124 Jennifer Johnston, Andrew Joy, *Mass Shootings and the Media Contagion Effect,* Western New Mexico University 4.8.2016
125 Franco »Bifo« Berardi im Gespräch mit Karin Janker, *»Sie wollen einen Moment Sieger sein«*, Der Bund 22.7.2016.
126 Alexandra Leistner, Chris Harris, *Großbritannien: Häusliche Gewalt steigt um 38 %, wenn England im Fußball verliert*, Euronews Online, 12.7.2018.
127 Gertrud Lehnert, *Queere Mode / Körper: Leigh Bowery und Alexander McQueen*, in: *Ist Mode queer?*, S. 22.
128 Ina Praetorius, *Wirtschaft ist Care*, Berlin 2015, S. 73.
129 Ebd., S. 74.
130 Bini Adamczak, *Beziehungsweise Revolution*, S. 226.
131 Bini Adamczak im Gespräch mit Raul Zelik, *»Die Linke ist so*

fragmentiert, dass das Gemeinsame sehr schwer herzustellen ist«, WOZ 10/2018, 8.3.2018.
132 Sebastian Friedrich / Redaktion analyse & kritik (Hrsg.), *Neue Klassenpolitik. Linke Strategien gegen Rechtsruck und Neoliberalismus*, Berlin 2018; Bernd Riexinger, *Neue Klassenpolitik. Solidarität der Vielen statt Herrschaft der Wenigen*, Hamburg 2018.
133 Bini Adamczak, *Beziehungsweise Revolution*, S. 274.
134 Klaus Dörre, *Aufstehen für einen neuen Sozialismus*, analyse und kritik Nr. 641, September 2018.
135 Oxi Redaktion, *Große Mehrheit für Umverteilung von oben nach unten*, Oxiblog 12.9.2017.
136 Meinhard Creydt, *Wie der Kapitalismus unnötig werden kann*, S. 160.
137 Elmar Altvater, *Das Ende des Kapitalismus, wie wir ihn kennen. Eine radikale Kapitalismuskritik*, Münster 2018, S. 18.
138 Bini Adamczak, *Beziehungsweise Revolution*, S. 84.
139 Loren Balhorn, *Ein roter Morgen*, Adamagazin 2018.

Danksagung

Allen hier erwähnten Menschen, die sich praktisch und theoretisch für eines gutes Leben für alle einsetzen und meine beschränkte Perspektive erweitern, danke ich. Insbesondere auch allen hier nicht namentlich Erwähnten, die mit oder ohne Bandnamen für ein besseres Leben streiten: darunter vor allem den Engagierten von *Gemeinsam für Demokratie und Menschenrechte* sowie dem Bündnis *ausgehetzt*, den streikenden Pflegekräften in Berlin und Augsburg sowie ihren Unterstützer*innen, dem *Slut Walk München* und den *Men for a Day*, den Vertreter*innen des *Buen Vivir* sowie unbekannterweise der Gemeinschaft Tamaquito, außerdem Silke Lunnebach und Merle Bode für ihre Übersetzungen aus dem Spanischen. Für Hintergrundgespräche und Expertise danke ich Jan Latza, Robert von der *Solidarity City Hamburg*, Kirsten Schubert und dem *Gesundheitskollektiv*, Charlotte Hitzfelder und dem *Konzeptwerk Neue Ökonomie* sowie dem *Netzwerk Care Revolution*. Ich hoffe, alles und alle so beobachtet, beschrieben und beurteilt zu haben, dass die Beteiligten sich und ihre Anliegen widergespiegelt finden. Bei sehr wenigen Personen unter denen, die hier nur mit Vornamen erscheinen, habe ich Namen und Lebensumstände zu ihrem Schutz leicht verändert, ohne dabei die inhaltliche Relevanz zu beeinflussen. Neben den Erwähnten waren mir für diesen Text weitere Menschen Inspiration und Hilfe. So danke ich den *ABC-des-guten-Lebens*-Frauen, der *Utopienbrauerei* und dem *Frauenstudien Leseclub* für Diskussionen, Daseinskompetenz und Unvorhergesehenes. Meinen Kolleg*innen und Redaktionen im Bayerischen Rundfunk danke ich dafür, dass sie seit Jahren meine Recherchen und Analysen unterstützen, die in diesen Text eingeflossen sind. Für Offenheit, Stilsicherheit und ein geistreiches Lektorat danke ich Katharina Picandet und der ganzen Crew der Edition Nautilus. Leo Birnbacher, Sebastian Dörfler, Julie Dorstewitz, Veronika Duma, Nina Fritzsche, Serena Fritzsche, Katja Huber, Wolfgang Günther, Katja Meixner, Laura Pöhler, Dietrich Krauß, Susanne Rohs und Felix Wiegand danke ich für Gespräche, Lektüre, Korrekturen, Zuspruch, Fürsorge, Ablenkung, Beherbergung sowie politische Geborgenheit und Begeisterung.